376 jours de prison pour rien

Marion Moussadek Emonot

376 jours de prison pour rien

Une erreur judiciaire de nos jours à Genève

Éditions Slatkine
GENÈVE
2019

www.slatkine.com

ISBN 978-2-8321-0922-9

A Jenara

Sommaire

Des miettes

« Au nom du Ministère public, je vous présente mes excuses pour l'incommensurable délai de procédure et la souffrance que cela a entraîné pour Mariam et son mari Koba, ainsi que pour leurs trois enfants Nina, 17 ans, Sophie, 10 ans et Saba, 10 mois. » La présidente du tribunal, une femme obèse qui vient de prononcer ces mots avachie sur les bancs rutilants du Tribunal de police à Genève, ce 29 octobre 2014, a tout juste mis les formes sans même effleurer le fond. Le procureur ne s'est pas même donné la peine de venir.

Oui, nous sommes enfin acquittés après cinq ans d'immobilisme de la justice. Mais qui me rendra les 137 jours de prison que j'ai faits pour rien ? Qui me rendra les 239 jours que Koba a subis pour rien ? Qui pourra remettre sur les rails Nina qui, à l'aube de sa majorité, a déjà fait deux tentatives de suicide ? Va-t-on réorganiser les funérailles de ma mère auxquelles je n'ai pas pu me rendre ? Va-t-on laver notre honneur dans la cour de récréation où Sophie, qui a dû changer d'école plusieurs fois, se fait chahuter parce que ses parents sont des « vauriens, des cambrioleurs comme tous les Géorgiens » ? Non, bien sûr. Mais nous aurons des indemnités pour « réparation du tort moral subi en raison d'une atteinte particulièrement grave à la personnalité », en vertu de l'article 429 de *l'ancien* Code de procédure pénale. « Ancien », parce que la procédure a été si longue que le droit a changé dans l'intervalle. Bref, des miettes : 10 000 francs pour Koba et 25 000 francs pour moi.

De quoi prendre l'air et se requinquer quelque part en famille? Tu parles. Impossible avec notre permis F de requérants qui, s'il n'y avait pas eu cette erreur judiciaire et cet attentisme de la justice de 2009 à 2014, se serait transformé en permis B, c'est-à-dire en passeport pour la liberté, depuis belle lurette.

Non, tout juste de quoi payer les avocats auxquels nous avons fait appel devant l'incurie des commis d'office et d'acheter quelques meubles pour améliorer notre quotidien. Après les frais de justice, il restait 5000 francs pour Koba et 11 500 francs pour moi. Un îlot central pour la cuisine m'a donné un peu d'élasticité de rangement, un meuble TV, un écran plasma et un nouveau canapé ont mis fin à notre recoin salon digne d'un studio d'étudiant. J'ai aussi acheté une petite tente pour que Saba joue et de quoi habiller le balcon: des jardinières suspendues tout du long, des panisses en guise de brise-vue et du beau mobilier de jardin. Bref, nous n'avons pas pris l'air ailleurs mais nous vivons un peu plus confortablement.

Et moi qui croyais avoir de quoi monter un petit restaurant géorgien à Genève. Oh, rien de prétentieux. Un petit local, pas trop mal placé, et mes talents de cuisinière pour faire le *khatchapouri* dont, en fermant fort les yeux, je sens encore l'odeur de fromage fondue dans le pain.

Dire que l'ensemble des ratés judiciaires en 2014, dont l'opération «Lift» effectuée entre février et mai 2009, qui m'a emportée dans la tourmente, a coûté au ministère public 1,8 million de francs en indemnités. Soit une explosion de 357% des coûts pour indemnisation allouée aux prévenus survenue entre 2014 et 2015[1].

[1] En 2014, les indemnités allouées par l'Etat de Genève au titre de l'article 429 du Code de procédure pénale se sont montées à un peu moins de 1,5 million. En 2015, ces indemnités ont été de 6,8 millions, incluant l'affaire BCGE (5 millions).

La « rafle[2] »

Retour là où tout a commencé. Nous sommes à l'aube du 5 mai 2009. Depuis plusieurs mois, je lis dans la presse d'un œil distrait que des Géorgiens ont été arrêtés à plusieurs reprises. En février, 22 Géorgiens ont été mis sous les verrous. Le 6 mars, au 30 route de Saint-Julien, la police a également interpellé plusieurs ressortissants de mon pays. Quatre jours plus tard, ils sont intervenus au 4 rue Cavour. Le 25 mars, c'est au foyer des requérants d'asile des Tilleuls, aux Charmilles, qu'ils ont mis la main sur des cambrioleurs qui sévissaient en Suisse romande. En avril, il y a eu 34 arrestations, à Lausanne cette fois. S'ensuivront 21 autres en mai 2009 dans la ville du bout du lac. Hôtel Dizerens, Foyer des Coudriers, Foyer de la Praille, les squats du 5 et 9 chemin de l'Ecu, la rue des Terreaux-du-Temple... Les Géorgiens vivant sur l'arc lémanique sont cernés. En quatre mois, une soixantaine d'entre eux sont arrêtés et conduits à la prison de Champ-Dollon qui accueille plus du double de la population prévue par ses capacités.

---

2 Le terme « la rafle » est notamment celui de l'avocat de Koba, Me Meier, qui explique : « Quand on procède à un tel nombre d'arrestations simultanées, c'est comme un bombardement à l'aveugle. On accepte bien malheureusement qu'il puisse y avoir des dommages collatéraux ».

Il faut dire que la police est sur les dents. Genève connaît une vingtaine de cambriolages chaque jour depuis trois ans. Il paraît qu'ils sont munis de meuleuses, de tournevis et de pinces et que rien ne les arrête. Pas même la présence des occupants des lieux. Le procureur général Daniel Zappelli veut frapper fort et éradiquer l'organisation criminelle «Vor V Zakone» (Voleurs légitimes). Il s'agit d'une communauté secrète née dans les années 30 dans les prisons de l'ex-URSS qui a sa propre trésorerie. Moi, je n'y connais rien mais mon mari, qui avait commencé des études de journalisme en Géorgie, m'a expliqué qu'il s'agissait d'une organisation très hiérarchisée, sans commune mesure avec les bandes de petits criminels toxicomanes.

Je hausse les épaules. Voilà qui va encore ternir notre réputation. Moi qui suis déjà réticente à fréquenter les Géorgiens. C'est vrai que certains sont louches. Et puis je veux m'intégrer dans la société genevoise à tout prix. Cinq ans plus tôt à la maternité, quand j'ai donné naissance à ma deuxième fille, j'ai demandé comment «Sofia» s'écrivait ici. C'est ainsi que ma deuxième fille s'appelle «Sophie». Il faut lui donner toutes les chances de réussir en Suisse.

Mais vint le matin du 5 mai 2009[3]. Je croyais avoir vécu tous les drames dans ma vie : mon père, d'abord, qui était mort quinze ans plus tôt. Mon fœtus qui n'avait pas survécu. Moi qui avais frôlé la mort sous la lame de la mafia géorgienne qui rackettait l'entreprise de mon mari. Mais

[3] Lire : « Le gang des Géorgiens» démantelé, *Le Temps*, 07/05/09, par Christian Lecomte ; «La police coince un gang de cambrioleurs géorgiens», *20 Minutes*, 07/05/09, par Shahïn Ammane ; «La police frappe au cœur de la Georgian connection», *Tribune de Genève*, 07/05/09, Xavier Lafargue ; «Georgian connection 2», *Le Matin*, 07/05/09, Dominique Botti ; «La Georgian connection» pincée dans un hôtel à Plainpalais, *Tribune de Genève*, 13/05/09, par Fedele Mendicino

non, j'étais loin du compte. Le 5 mai 2009, il m'est arrivé quelque chose qui dépasse l'entendement et qui a réussi à battre à plate couture l'ensemble des malheurs cumulés survenus dans ma vie.

C'est un mardi à l'aube. Tout à l'heure, Nina ira à la piscine avec son école. J'ai préparé son sac. Il l'attend sur la chaise où est également sa tenue du jour propre et repassée. J'ai aussi mis sa brosse à cheveux sur l'assise. Après s'être coiffée, il lui faudra la mettre dans le sac de piscine. J'ai beau faire de l'ordre, il y a toujours des petites bricoles qui traînent par terre et manquent de nous faire glisser. C'est que Sophie a 4 ans. Billes, petites voitures, balles en mousse : il y a de tout dans la maison.

Nous dormons tous les quatre paisiblement sans nous douter de la catastrophe qui va s'abattre sur nous. Nous sommes réveillés par une sorte de détonation. Je me redresse d'un coup et passe de la position couchée à la position assise dans mon lit en un quart de seconde, tandis que Koba s'est levé d'un bond et est déjà à la porte. Mon Dieu, la porte. Elle vient de s'écrouler face contre terre enjambée par une série d'hommes... en uniforme.

Je pense à toute allure. Des femmes hurlent dans l'immeuble. Ce sera la famille arabe de l'étage dont l'homme est malade. Un malheur est arrivé, c'est sûr. Mes enfants, c'est tout ce qui m'importe. Je bondis vers leur chambre. Mais je suis arrêtée dans mon élan. Une policière m'est tombée sur le dos. Elle m'a plaquée au sol et m'a menottée en un tournemain. Je suis là, au seuil de la porte de la chambre de mes enfants, le menton plaqué sur le parquet, le regard qui essaie d'enjamber le lit pour apercevoir leurs yeux... Des yeux de zombie. Le regard hagard, Nina, 12 ans et Sophie, 4 ans, interrogent. Leurs yeux roulent mais leur tête est à l'arrêt. La mienne aussi.

Que nous veut-on bon sang ? Je suis en chemise de nuit. J'ai mes règles. Je sens un écoulement de sang brutal. J'ai l'impression de me vider. Je veux rassurer mes enfants. « Maman part travailler », tentai-je la voix peu sûre, en géorgien. Mais aussitôt la policière m'assène un petit coup sur la nuque pour me signifier de ne pas parler avec mes petites. Je dis : « Je peux leur parler en français si vous voulez. Mais de grâce, laissez-moi aller vers elles pour les rassurer ». J'essuie un NON catégorique. Je veux aller aux toilettes. La femme au képi me laisse y aller mais ne me laisse pas le temps de me saisir d'une serviette hygiénique.

Je pense « Ils sont venus nous expulser en dépit de notre permis F », il ne peut y avoir que ça. La gorge nouée, la tête dans un étau, je suis sur les toilettes et je pense plus vite que la musique. Tout à coup, une idée me vient : et s'ils étaient venus à cause de la bande de Géorgiens peu fréquentables qui vont et viennent à longueur de journées dans l'immeuble ? Je crie, tout sort en même temps, ma réflexion en cours, ma voix qui s'étrangle, ma tête qui va et vient comme une balle de ping-pong entre mille idées décousues : « Je sais pourquoi vous êtes venus ! Foutez-moi le camp ! Nous n'avons rien à voir avec eux ! Nous avons des enfants ! Laissez-nous tranquilles ! ».

Mon hurlement m'a éjectée des toilettes. Je suis là, dans le couloir, dans la pénombre de l'appartement, faisant face à ces intrus qui fourragent déjà dans mon appartement, tout en tenant mon mari au sol. Une policière est en faction devant la chambre de mes filles. Je hurle comme une furie : « Laissez-les, pour l'amour de Dieu ! Vous n'avez pas le droit ! ». La flic qui m'a permis d'aller aux toilettes mais m'a, dans le même temps, refusé une serviette hygiénique, ricane : « Ça, il fallait y penser avant, chère Madame ! C'est vous qui n'aviez pas le droit de voler tous ces pauvres gens ! ».

Mon sang, enfin ce qu'il en reste, ne fait qu'un tour. C'est donc ça, il y a une terrible méprise, ils croient que nous sommes des cambrioleurs, comme tous ces vauriens qui vont jour et nuit dans l'immeuble et que je ne supporte plus. C'est un cauchemar. Qu'à cela ne tienne, il ne peut être que temporaire. Ils vont s'apercevoir que nous sommes une famille réglo qui ne demande qu'à mieux s'intégrer en Suisse.

Je travaille au Centre Rothschild à la réception, ils sont très contents de moi. Mon mari multiplie les cours de français et d'informatique à la Croix-Rouge. Nous sommes bénévoles pour l'Hospice général et la Ville de Genève. Moi, je vais tenir compagnie aux personnes âgées. Une fois par semaine, nous les emmenons manger au restaurant. C'est un service qui dépend du Département de la cohésion sociale. Mon mari, lui, fait le chauffeur tantôt de manière complètement désintéressée, pour rendre service aux personnes isolées, tantôt pour le compte de l'Hospice général qui lui donne une quarantaine de francs pour la course. Nina et Sophie vont à l'école, nous fréquentons alternativement l'église orthodoxe de la vieille-ville et celle de Chambésy. Ils vont s'apercevoir de tout ça et demain, ce 5 mai 2009 ne sera qu'un exécrable souvenir.

Mais un policier empoigne mon mari par le col pour le redresser brutalement. Je ne sais lequel de tous ces uniformes ordonne: « Allez, ouste, embarquez-moi tout ce beau monde!». Mes yeux hurlent «Et mes filles?» mais ma voix s'étrangle. Aucun son n'est sorti. Je dis à la policière «laissez-moi mettre un soutien-gorge». Elle refuse: «Vous n'en avez pas besoin. Là où vous allez, on vous l'enlèvera de toute façon!»

Ils nous emmènent, Koba et moi, menottés dans le dos. Moi, en chemise de nuit, avec mon sang qui est un immense flux continu à l'intérieur de moi au point que j'ai l'impression que tout le monde le voit de l'extérieur. Mes cheveux en bataille. Ma bouche sèche comme si j'étais à mon quarantième jour de carême. Koba, lui, tente de garder un peu de dignité. Il a laissé échapper un crachat mais l'a tout de suite regretté. Le policier qui le maintient l'a poussé sans ménagement pour lui signifier que c'est lui qui tient le couteau par le manche. Nous passons devant le pharmacien qui ouvre la grille de son officine. Devant le kiosquier qui nous vend des cigarettes chaque jour. Ils nous suivent du regard, éberlués. Sans un mot. Sans un bonjour. Rien. La honte m'envahit. Je baisse les yeux, je courbe le dos. Embarquée derrière mon mari entouré d'hommes en uniforme. Je demande où mes filles seront emmenées. On ne daigne pas me répondre. Je ne sais plus si mon corps saigne ou si seule ma tête est sonnée. Je suis vidée. Je m'abandonne au banc de la fourgonnette qui nous emmène avec, pour seule préoccupation en tête, mes enfants.

L'inculpation

Poste de police du Grand-Lancy. On me menotte à une table, seule dans une salle. Les menottes m'obligent à être quasi accroupie. J'ai une sciatique. En temps normal, même habiller un bébé me coûte. Je ne peux absolument pas rester dans cette position. Je demande. J'essaie de négocier. On n'en fait pas cas. Puis on me laisse seule à l'intérieur de cette salle. De là où je suis, j'aperçois les souliers qui vont et viennent devant la porte. Je tente d'interpeller. J'ai besoin d'aller aux toilettes. Mes règles sont abondantes. Je n'ai toujours pas pu me changer.

Un homme vient. Il me demande à quel étage du 87 rue de Carouge j'habite. Je dis « au rez-de-chaussée ». Mon Dieu, ils ont dû embarquer tout l'immeuble et essaient de recouper les affaires suspectes retrouvées dans chaque appartement. Ils vont bientôt comprendre que nous n'avons rien à voir avec ces vauriens de Géorgiens. Ils vont nous libérer. Où sont mes enfants, bon sang ?

On vient me chercher plusieurs heures plus tard. Je pense que j'ai perdu connaissance dans l'intervalle. J'ai la tête dans le coton, les bras en compote et le dos broyé par ma position impossible que j'ai dû tenir bien malgré moi durant une bonne partie de la journée. C'est une dame qui me fait signe de la suivre. Je suis toujours menottée.

Au moment où je m'apprête à demander les toilettes, pensant qu'en tant que femme, elle se montrera coopérative, je m'arrête net. Ici, dans le couloir, derrière les barreaux d'une cellule de passage, les enfants des 5 familles arrêtées. Dont les miens. Sophie et Nina aussi. Sophie tète son doudou. Nina est debout sur ses pieds, prête à se révolter. Mais à ma vue, en me voyant dans cet état, les cheveux ébouriffés, les jambes qui flageolent, le regard hagard, elle s'arrête net dans son élan. Je crois qu'elle s'apprêtait à hurler quelque chose. Mais elle se ravise, estimant probablement à la dernière minute qu'il vaut mieux faire profil bas pour ne pas risquer d'achever sa mère.

Mon Dieu, Nina. Je suis horrifiée par la vision de mes deux filles jetées dans cette cellule. La policière me tire devant. J'éprouve une honte incommensurable. J'ai l'impression que chacun voit l'afflux de sang qui s'écoule entre mes jambes. D'ailleurs, ça ne devrait pas tarder à devenir une réalité. Je n'ai pas pu changer de serviette hygiénique depuis hier soir, en me couchant.

Elle me laisse dans une cellule microscopique. Je ne peux pas même me tourner. Il y a une lucarne. La nuit est tombée. La lourde porte ferrée de la cellule s'ouvre. Premier interrogatoire : « Si vous avouez tout, on vous laissera retrouver vos enfants ». Je hurle avec ce qu'il me reste de forces : « Je vous signe ce que vous voulez mais rendez-moi mes filles ! ». Elle se tourne vers le flic qui l'accompagne et est en faction devant la porte. « Elle ne veut rien dire », lâche-t-elle, dépitée. Je hurle à nouveau « Sur ma famille, je vous dis ce que vous voulez, mais sur les gens que je ne connais pas, que voulez-vous que je sache ? ».

On me transfère à la gendarmerie des Pâquis. Quand on me laisse enfin aller aux toilettes, je me rends compte que c'est impossible de tirer la chasse. Je demande. On me répond que c'est eux qui ont la commande de la chasse d'eau, qui se tire uniquement depuis l'extérieur des toilettes. Atroce sentiment d'être réduit à un animal.

Le soir du 6 mai, à 18h40[4] pour moi et à 20h50[5] pour Koba, Koba et moi sommes inculpés de dommages à la propriété, violations de domiciles et vols en bande par métier, subsidiairement de recel par métier «pour avoir, à Genève, commis plusieurs cambriolages et dérobé de nombreux bijoux et objets divers, soit ceux retrouvés le 5 mai 2009 dans l'appartement du 87 rue de Carouge, subsidiairement pour en avoir pris possession en sachant qu'ils provenaient de cambriolages». Nous sommes également inculpés d'infraction à l'article 33 de la Loi sur les armes «pour avoir détenu, le 5 mai 2009, à Genève, un revolver Smith & Wesson 357 Magnum en étant démuni de toute autorisation ad hoc». Mon mari est de surcroît inculpé pour infraction à l'article 19 de la Loi sur les stupéfiants «pour avoir fait parvenir le 12 février 2009 à un détenu géorgien, à Champ-Dollon, trois sachets de drogue contenant de l'héroïne et de la cocaïne».

Mes jambes se dérobent. Je vacille. Un médecin vient et me fait une piqûre de tranquillisant. Je m'assoupis enfin. Mais un homme enfermé dans une cellule voisine a des quintes de toux épouvantables qui me tiendront éveillée une bonne partie de cette satanée nuit.

Au petit matin, j'ai affaire à un jeune flic d'environ 25 ans. Contrairement aux autres qui n'ont eu de cesse de me mépriser, je sens de la compassion dans son regard. Je me lance et ose lui dire que j'ai besoin de serviettes hygiéniques. Il est très tôt me dit-il, mais dès l'ouverture des pharmacies, on ira vous en chercher, m'assure-t-il. Moins de

---

4 PP n°P/7277/2009
5 PP n°P/7277/2009

deux heures plus tard, il revient avec un paquet de serviettes hygiéniques. Je vais aux toilettes. Plus de 36 heures après mon dernier change, c'est une libération.

Je suis transférée au palais de justice. Dans le couloir, je passe devant la cellule de mon mari. Je m'effondre en sanglots. Il hurle « Ne t'inquiète pas, c'est une erreur. Ils vont nous libérer dès demain ! » Cette phrase résonne encore dans mon esprit. En fait de quelques longues heures de garde à vue, je resterai quatre mois et demi en prison. Mon mari, neuf mois.

L'incarcération

Champ-Dollon. Quatre cent nonante-six condamnés dans un établissement pénitentiaire prévu pour 276. Soit un taux d'occupation de 180%[6]. La moitié du troisième étage de la prison qui en compte cinq est dévolu aux femmes. On me conduit à la cellule 343, entre la cuisine où les prisonnières peuvent travailler, au fond à gauche, et les douches collectives, au fond à droite. Entre les deux, une quinzaine de cellules côte à côte toutes plus tristes les unes que les autres.

Je suis la troisième détenue à arriver dans cette cellule de deux lits. Le matelas prévu pour moi est donc par terre, ce qui ne manquera pas de créer des tensions. La journée, je mets mon matelas debout contre le mur pour libérer le passage. Je n'ai donc nulle part où m'asseoir et le soir, la Brésilienne qui est ma codétenue ne supporte pas que ce matelas obstrue le peu d'espace que nous avons.

Nous ne nous sommes pas présentées. Dès le premier regard, j'ai su que je ne la supporterai pas. L'autre prévenue

---

6 En 2009, la cabale contre l'organisation criminelle géorgienne Vor v Zakone a particulièrement surchargé la prison genevoise. Néanmoins, l'établissement pénitentiaire a battu ce record cinq ans plus tard, en août 2014, quand il a abrité jusqu'à 903 détenus, pour une capacité augmentée à 376, soit un taux d'occupation de 240%.

est une jeune Macédonienne, enceinte, qui doit avoir 23 ou 24 ans. C'est une gitane. Elle dort sur le lit superposé du haut malgré son état. La Brésilienne n'a pas voulu lui céder sa place.

La cinquantaine, le port altier, Patricia a dû être belle mais sa peau s'est fripée avant l'heure, la faute au soleil sans doute, et la drogue a privé ses yeux de toute lueur. Le soir, son regard rougi se dilate d'un coup. Je connais trop cette mue du regard. C'est celui de nos hommes d'Abkhazie qui, dans les années 80, étaient drogués par les Russes. Je comprendrai plus tard le système dit du «Yoyo» qui lui permet de se procurer la drogue par son contact albanais de l'étage d'en-dessous, celui des hommes.

Adossée contre le paravent qui sépare les toilettes du reste de la cellule, j'allume une deuxième cigarette. «Tu viendras pas m'en demander quand t'en n'auras plus», aboie Patricia. Surtout ne rien dire, ne pas rétorquer. Je ronge mon frein. De toute façon, j'en ai pour deux nuits tout au plus. Ils vont vite se rendre compte de leur grossière erreur. Après-demain, je devrais être dehors. Et j'ai un paquet plein devant moi. J'entame une prière intérieure.

Première nuit. Emplie d'angoisses. Où peuvent bien être mes enfants? Si Koba est en prison et moi aussi, qui va les prendre en charge? Il y aurait bien eu ma belle-sœur mais personne ne sait que c'est la sœur de mon mari. Nous nous appelons «Salikadze» et elle, «Gelovani». Aucun lien ne peut officiellement être établi entre nous.

A notre arrivée en Suisse en 2004, nous avons en effet dû renoncer à notre vrai nom. Renier une partie de nous-mêmes. Oublier notre socle. Faire une croix sur le vecteur générationnel. Pour avoir la vie sauve. Je replonge dans les affres de mon arrivée à Genève, choisie d'un commun accord avec Koba, car dans la ville qui abrite l'ONU, rien ne pourrait plus nous arriver, pensait-on.

* * *

Je me remémore notre périple pour le pays de l'ONU. Dans cette camionnette grise qui m'éloigne de ma ville, Koutaïssi, mon esprit divague. Avec mon mari, ma fille de 7 ans, Nina, la prunelle de mes yeux, et un autre couple de Géorgiens, nous sommes plongés dans le noir à l'arrière de ce véhicule qui avale les kilomètres. Combien de temps encore pour rallier Genève, notre destination finale? En avion, nous aurions mis plus de neuf heures. J'ai regardé la carte avant de partir. C'est ma voisine, Elena, qui me l'a prêtée. Elle avait une carte défraîchie qui couvrait toute l'Europe. Il y a 3800 kilomètres à parcourir. Nous avons calculé avec une réglette et on a divisé par l'échelle indiquée. Nous passerons par l'Ukraine, la Pologne et l'Allemagne. Je ne sais plus s'il y a un bout d'Autriche avant d'arriver, ou non. Je ne reverrai plus la fontaine monumentale de Koutaïssi, surplombée par ses lions d'or. Je ne sentirai plus les odeurs des marchés de Koutaïssi, leurs mirabelles suspendues pour faire la *Tkemali*, ni ces noix en collier qui lèchent les étals pour faire le *Satsivi*. A ce moment-là, je ne sais pas encore que je ne mangerai plus jamais le *khatchapouri* de ma mère. Elle le cuisine comme nulle autre au pays. Pour l'heure, le fourgon nous bringuebale au gré d'une route défoncée. Pas de doute, nous sommes encore en Géorgie.

Maintenant, la petite fille du couple avec lequel nous faisons le voyage – tiens, j'ai oublié son prénom, mais c'était il y a cinq ans déjà – somnole. Une partie de ses longs cheveux bruns épais se coincent sous le séant de son père. La fillette grimace. Sa tête bascule tantôt sur l'épaule de sa mère, tantôt sur celle de son père. Nina, elle, est à demi allongée par terre. Je soutiens sa tête sur mes jambes que j'ai à peu près pu étendre.

Dans la pénombre, je ne vois pas que mon mari a la figure des mauvais jours. Mais je le devine à son silence. Les hypothèses tournent en boucle dans sa tête : lui, le chef de la famille, ancien étudiant en journalisme, où nous embarque-t-il ? Vers une vie meilleure, vraiment ? Nous accordera-t-on l'asile en Suisse ? Nous avons moins de 500 lari en poche. Mon mari m'a dit que ça faisait 200 francs suisses.

J'ai lu quelque part qu'avec ça, on pouvait tout juste s'offrir une nuit d'hôtel à Genève, mais je n'ose pas y croire. Chez nous, c'est le mois de salaire d'un ouvrier. Donc c'est forcément une erreur. On ne peut pas dépenser un mois de salaire géorgien pour une seule nuit d'hôtel en Suisse, sans avoir même mangé. Mon mari me dit de ne pas être dupe. Il me soutient que si, c'est possible. Mais nous n'avons pas pu économiser plus. D'autant qu'il a fallu faire vite.

Nous fuyons la mafia. La mafia géorgienne. Celle qui a toujours un frère, un cousin, un oncle ou un homme de main pour vous retrouver partout, où que vous soyez. Celle qui n'hésite pas à poignarder une mère de famille pour faire céder son mari. C'est ce qui m'est arrivé. La cicatrice me brûle encore.

C'est passé à deux millimètres du foie, ont-ils dit à l'hôpital. Sitôt opérée, j'ai dû m'enfuir. J'ai récupéré Nina que mon mari avait précipitamment déposée chez ma mère et j'ai fui dans les montagnes, chez la tante de ma mère, à Svaneti.

Je dis grossièrement « dans les montagnes » mais c'est la plus haute région habitée en Europe. C'est un endroit difficile d'accès, c'est pour ça que je suis allée m'y réfugier. Ses trésors architecturaux, ses églises orthodoxes du IXe siècle et ses tours fortifiées ont été récemment classées patrimoine mondial par l'UNESCO.

Avant, cette beauté balayée par l'air pur me reposait. Mais là, le ventre à peine recousu, ma petite Nina à la main, je reste allongée sur le lit, les yeux ouverts et je ne fais rien. Attendre et penser. Ressasser. Imaginer comment échapper à notre sort. On est faits comme des rats : mon mari a créé une entreprise de chaussures. Nous vivons à Tblissi où grouillent toutes sortes d'organisations criminelles depuis que notre pays est indépendant. Les hommes n'hésitent pas à parader, kalachnikov en bandoulière. Aucune femme ne peut plus porter de bijoux. Sinon, elle en est violemment dépossédée.

Mon mari a arrêté ses études de journalisme pour gagner sa croûte. Moi, j'ai passé cinq ans sur les bancs de l'uni, en langues et civilisation : russe, allemand et français. Les piles de livres à la bibliothèque, c'est fini. Je suis là, couchée sur le lit, au pied des plus hautes montagnes d'Europe de l'Est, avec ma cicatrice purulente. Tout ça, parce que j'ai été trop naïve. Je suis une femme de bonne foi. Et les femmes de bonne foi ne peuvent pas vivre en Géorgie. Si j'avais su !

C'est la femme de l'associé de mon mari qui m'a mise au courant. Tous les soirs, à la fermeture du magasin de chaussures, la mafia venait récupérer une partie de la caisse. Chaque jour davantage. Mon mari et ses associés ne pouvaient plus tenir. Il ne m'avait rien dit. Sans doute pour me protéger. Ou parce qu'il me connaissait trop bien.

Mon sang n'a fait qu'un tour. Je suis allée dénoncer tous ces vauriens à la police. Le lendemain, mon mari est rentré tellement amoché qu'il ne pouvait plus se nourrir. Son visage n'était qu'une immense tuméfaction. J'étais horrifiée mais je n'ai rien dit. Ça se passait de commentaire. Lui non plus d'ailleurs. J'étais dévorée par la culpabilité. Assommée par cette déraison. Médusée par tant de haine insensée. Je ne voyais pas d'issue. Ça allait être de pire en pire, on le savait.

Quelques jours plus tard, les maffieux m'ont embarquée de force. Ils m'ont jetée dans une fourgonnette. Ils m'ont bandé les yeux. Je n'ai jamais su au juste où ils m'avaient emmenée. Ça a duré trois jours et trois nuits. J'étais la monnaie d'échange : l'entreprise de mon mari contre sa femme. Mais même avec toute la bonne volonté du monde, ce n'était pas possible. Mon mari avait plusieurs associés. Au mieux, il ne pouvait céder que ses propres parts à la mafia. Mais ça ne leur suffisait pas.

Nous n'avions pourtant pas le choix. Nous n'avions pas plus à donner. Mon mari vendit ses parts. Avec l'argent récupéré, il alla au rendez-vous donné par la mafia. Mais la somme était évidemment inférieure à la rançon fixée. Au moment de me relâcher, un des hommes me met un coup de couteau dans le ventre tout en nous donnant « une semaine de plus » pour compléter la somme.

La camionnette qui s'arrête me sort de ma torpeur. Nina est endormie sur mes jambes. Où pouvons-nous bien être ? Sommes-nous encore en Géorgie ? Sommes-nous en train de passer la frontière ukrainienne ? Claquement de portière. Le passeur nous a prévenus : il faudra être discrets. Ne sortir de la fourgonnette qu'un par un, et seulement pour les besoins essentiels. Je sens que chacun de nous 6 suspend sa respiration. Quelle heure peut-il bien être ?

Dix minutes s'écoulent. Pas un bruit autour de nous. Ça n'a pas l'air d'être une douane. La portière arrière s'ouvre. Le chauffeur nous fait un signe de la tête. Nous comprenons que nous pouvons aller faire nos besoins un à un. Même si ce n'est que l'espace de quelques malheureuses minutes, j'ai l'impression de me dégourdir les jambes. C'est presque délicieux.

Quand je remonte à l'arrière de la fourgonnette, avant que la portière ne nous renferme dans l'obscurité la plus complète, j'aperçois les sandwichs déposés par le chauffeur-passeur. Je compte rapidement : il y en a 5. Nous sommes 6. L'homme a dû n'en compter qu'un pour les deux fillettes. Le bougre. Il y a trois grandes bouteilles d'eau. De quoi tenir moins de vingt heures. De toute façon, il aura besoin de remettre de l'essence d'ici là. Espérons qu'il en profite pour nous donner à boire. Les idées les plus sombres me traversent l'esprit : et s'il ne nous emmenait jamais à destination ?

La camionnette s'ébranle. J'ai épongé le visage de ma fille avec de l'eau. Ma jupe est mouillée. Cette moiteur m'apaise après toutes les tensions vécues. Cela fait des mois que je suis tendue comme un arc. Quand je pense à quel prix mon mari a vendu notre appartement à Tblissi, mon corps se crispe. Ma tête bouillonne.

Mais avions-nous le choix ? « Une semaine de plus sinon… » avait lancé le moustachu aux fausses lunettes de soleil Lacoste qu'on reconnaissait au crocodile à l'envers, en m'enfonçant un couteau dans le ventre. Mon mari avait tout juste eu le temps de me récupérer avant que je ne m'effondre sur l'arme blanche. Il s'en est fallu de peu.

Mon Koba avait donc vendu l'appartement dans la précipitation, en le bradant. Il fallait fuir avant le vendredi suivant. Nous serons à l'abri un temps à Svaneti, Nina et moi, le temps que ma plaie se referme, tandis que lui file à Lviv, en Ukraine voisine. Son but ? Se refaire pour organiser notre départ, plus loin en Europe. En Ukraine, ni lui ni nous ne serions à l'abri très longtemps. La mafia géorgienne, c'est comme Dieu. Elle est partout.

Quatre mois passent. Je me remets de ma blessure. Je remange normalement. Nina profite de l'air de la montagne pour dévaler les collines la journée. Ma tante nous prépare des bons repas dont l'odeur envahit la maisonnette. C'est un réconfort de se sentir en famille. Mais mon mari, dont je n'ai que peu de nouvelles, me manque cruellement. Je l'imagine mener une vie quotidienne faite de débrouilles où l'avenir ne va pas au-delà du lendemain. De notre côté, nous prions beaucoup. Je remercie le ciel que ma fille soit en vie, qu'elle ait encore sa mère pour veiller sur elle et je l'implore de nous réserver un autre destin.

Je dors mal. Je ne parviens pas à mettre mon cerveau en veilleuse. Tout tourne toujours dans ma tête : les événements passés, les hypothèses plausibles de notre avenir. Lors d'une de ces nuits tourmentées informes, j'entends frapper à la porte. Je tressaille de peur. Le doute m'étreint : la mafia nous aurait-elle retrouvées, faute d'avoir eu son « dû » ? Je me ressaisis immédiatement. La mafia ne frappe pas à la porte. Ce n'est pas son genre.

Je me glisse hors du lit le plus doucement possible pour ne pas perturber le sommeil de Nina qui se réveille malgré tout. Aussi jeune soit-elle, la petite est toujours sur le qui-vive elle aussi. J'ai beau faire, les tensions ricochent sur elle. Je lui passe la main dans les cheveux et mets un doigt sur ma bouche pour lui signifier de rester en place et silencieuse. J'enfile rapidement un peignoir et vais jusqu'à la porte.

Quand je comprends à qui j'ai affaire, j'étouffe un cri de joie. C'est Dmitri, le cousin de mon mari. Après les embrassades, je prépare tout de suite du thé bien chaud et sors du fromage du frigo. Ma tante est sortie de son lit. Nina aussi. Nous nous attablons ensemble dans un élan joyeux. Les questions fusent. Nous parlons toutes en même temps. Dmitri ne parvient pas à répondre. Nous rions de tant de précipitation. Ah, que ce moment est salutaire et porteur d'espoir !

Dmitri est venu nous chercher, Nina et moi. Les nouvelles ne sont pas mauvaises : mon mari a repris une affaire en Ukraine et a pu économiser trois sous. Il a envoyé son cousin pour venir nous chercher. Il veut qu'on le rejoigne en Ukraine où on peut envisager de vivre quelque temps. Va pour Oujhorod.

* * *

C'est à plus de 2000 kilomètres de Koutaïssi, tout à l'ouest de l'Ukraine. La Slovaquie, la Hongrie et la Pologne sont à deux pas. On sent qu'on est aux portes de l'Union européenne. Tout est propre et moderne. J'ai l'impression que nous avons fait un pas vers une vie meilleure, même si c'est contre notre gré. Mais garder espoir de pouvoir revenir un jour à Koutaïssi ou à Tblissi est peine perdue : le pays est dans un pire état encore sous Saakachvili. On est en 2003, douze ans après l'indépendance de la Géorgie. Mon mari en est un opposant déclaré. La peur l'habite constamment. Des agents du renseignement peuvent se cacher sous n'importe quel imperméable. Tous les jours, on nous présente des gens dont on doute. Ce n'est pas une vie, c'est un calvaire.

Un grognement de Nina m'extirpe de mes pensées. La fillette est dans un demi-sommeil. J'ai glissé mon pull sous son buste à terre. Je suis atterrée. Je n'aurais jamais pensé faire voyager mon enfant à l'arrière d'une camionnette sordide, plongée dans le noir pendant plusieurs jours, privée de passeport par le chauffeur-passeur.

Cela fait plusieurs jours qu'on roule maintenant. La Géorgie s'éloigne. Ma maman aussi. Aurais-je pris une autre décision si, à ce moment-là, j'avais su que je ne reverrai jamais ma mère ? Serais-je restée coûte que coûte vivre dans les entrailles de ma terre natale, celles qui auraient dû me nourrir, mes enfants et moi, celles qui auraient dû m'emmener dans son ascenseur social, moi, la jeune femme trilingue diplômée ?

Mais pour quelle vie ? Une vie où je tremble chaque jour de ne pas récupérer mon enfant à la sortie de l'école. Une vie où, malgré moi, malgré les efforts de mon mari, j'aurais travaillé pour quasi rien. Pire : pour les autres, les mafieux. Non, non. Ces questions qui tournent en boucle dans ma tête sont légitimes. D'autant que, je ne le sais pas encore, mais ma mère s'éteindra sans que ni mon frère, qui vit en Ukraine, ni moi ne puissions nous rendre à son chevet. Mais leurs réponses sont sans appel. Je chasse ces idées sombres de ma tête. Ma mère sera enterrée en mon absence. C'est insoutenable. Mais ce n'est pas de ma faute.

Au mieux, j'aurais pu atterrir ailleurs. Moins loin ? Qu'est-ce que cela aurait changé ? Sans papiers, pas d'avion. Je parlais déjà bien français, bien allemand. Koba maîtrisait aussi la langue de Goethe. Nous avons pensé que la Suisse serait mieux protégée que la France, plus vaste, et noyautée par la mafia géorgienne. Je me souviens de notre discussion, le soir où nous avons décidé de notre destination. Koba a tranché avec un dernier argument en faveur de la Suisse : « Genève, c'est les droits de l'Homme. On y sera forcément mieux protégés ».

J'ai dû m'endormir. Je me réveille, froissée par un mauvais sommeil qui m'a endolori le corps. Ma bouche est sèche. Je saisis la dernière bouteille d'eau pour me mouiller les lèvres. Je garde le peu d'eau qui reste pour Nina. Elle ne dort plus. La tête enfoncée entre ses genoux, elle joue avec ses orteils. Elle les compte et les recompte un à un. Cette gamine a 7 ans et elle sait déjà tuer le temps. Sa patience et son calme me sidèrent.

Koba a lâché prise. Il s'est endormi la tête en arrière, le nez en l'air et la route qui le bouscule ne semble plus l'atteindre.

J'entreprends un jeu de mains avec Nina. On tape nos mains les unes dans les autres en haut puis en bas, sur un air que je fredonne et que je tiens de sa grand-mère. On trompe l'ennui ainsi un moment. L'autre couple de Géorgiens a allumé une petite lampe de poche qui nous permet de mieux vivre cette pénombre.

S'ensuivent des kilomètres d'asphalte interminables. D'autres pauses clandestines. D'autres stations essence. D'autres sandwichs. D'autres quantités d'eau pitoyables. En Allemagne – je sais que nous sommes en Allemagne à cause des panneaux furtivement aperçus lors des pauses, fini l'alphabet ibéro-caucasien, la petite du couple géorgien est prise de vomissements. Outre l'inquiétude pour sa santé qui s'empare de nous tous, nous devons désormais voyager avec une odeur exécrable qui nous accompagnera jusqu'au bout.

Genève, enfin ! L'homme nous dépose dans une petite rue adjacente, que je connaîtrai plus tard comme étant dans le quartier des Grottes qui borde la gare principale, celle de Cornavin. Nous sommes soulagés. Les réjouissances sont de courte durée. Le chauffeur refuse de nous rendre nos passeports. S'ensuit une altercation entre les hommes. Mon mari tente de négocier. Cela ne faisait pas partie du « marché » convenu. Nous avons payé notre « voyage », il était entendu qu'il s'empare de nos passeports uniquement durant le parcours et qu'il nous les restitue en arrivant. Mais l'homme ne veut rien savoir. Il remonte au volant de sa camionnette et démarre en nous envoyant par la fenêtre une bouteille d'eau attrapée sur le siège passager.

Nous sommes pris de court. L'émotion de l'arrivée à destination se mélange à celle, confuse, de la rage. Nous n'avons pas le temps de nous attrister sur notre sort. Il faut déjà se ressaisir. Où dormir ce soir ? J'aperçois un chauffeur de taxi qui, comme nous, n'a pas la tête à être né ici. Je m'approche et pour la première fois, je me lance oralement en français que j'ai principalement appris à l'écrit.

Nous lui expliquons la situation. Nous venons ici pour demander l'asile. Est-ce qu'il peut nous y conduire. Il nous parle de Vallorbe. C'est loin. Il ne peut pas nous emmener. Ça nous coûterait trop cher. Il nous indique la gare. Je ne veux pas passer par une gare. J'ai peur des contrôles. Nous n'avons plus de passeports. Mon mari me convainc. Nous allons acheter nos billets de train et nous ne serons pas inquiétés.

Nous voilà à la gare Cornavin. Il y a des automates à billets mais nous ne savons pas nous en servir. Dommage, ça nous aurait évité de prendre le risque de devenir rouges comme des tomates face à la guichetière. Nous avons changé nos lari en euros en cours de route mais n'avons pas de francs suisses. Ouf, elle accepte les euros, moyennant un petit supplément. Notre maigre butin de près de 200 francs a déjà pris du plomb dans l'aile.

En partance pour le quai, je jette un œil sur les sandwichs s'affichant fièrement dans les étals des boulangeries de Cornavin. Huit francs, 3 francs 50 une petite bouteille d'eau. Inabordable. Koba avait donc raison. Les 500 lari se seront envolés en un rien de temps. Nous mettons notre poing dans notre poche et espérons qu'à Vallorbe, on donnera à manger à Nina avant tout.

La modernité du train qui s'ébranle sans un souffle et sa propreté m'épatent. Si j'en avais encore la force, j'écarquillerais les yeux. Mais je suis épuisée tout comme Nina et Koba, qui se traîne toutefois jusqu'aux WC pour se faire une toilette de chat. Puis c'est mon tour d'y emmener Nina.

Mon Dieu, me voir dans le miroir m'effraie. J'ai pris 10 ans ces deux derniers mois. Les soucis ont attaqué mes tempes, qui ont blanchi. Etre passée à deux doigts de la mort a creusé mon visage de mère qui redoutait de laisser une orpheline. Le voyage d'une semaine dans la pénombre d'une camionnette sans hygiène a achevé l'œuvre de la vie : j'ai le regard hagard d'un rat qu'on traque, le visage froissé, les cheveux sales, les ongles noirs, la bouche béante d'interrogations.

Mon effroi n'a pas échappé à Nina qui me tire par la main pour sortir de ce WC étroit sans âme. La chaleur de sa peau d'enfant me réchauffe le cœur. Je m'achemine vers le réveil de ce sombre cauchemar. Nous sommes en Suisse ! Nous sommes en Suisse ! Nous ne sommes peut-être pas encore sortis de l'auberge, mais Dieu merci, nous sommes en Suisse ! Ce ne peut être que le début de la fin du cauchemar.

* * *

Bip. Bip. Bip. La sonnerie générale pour réveiller les près de 900 détenus de Champ-Dollon me sort de mes pensées mélancoliques. A vrai dire, je ne suis pas sûre d'avoir dormi. J'étais plongée dans les souvenirs de mon périple nous ayant amenés à Genève. Un souvenir à la fois doux, plein de la promesse d'un avenir meilleur, et violent, plein du déni de soi.

Il est 6 h 30 dans ce bout de campagne grillagée genevois. On me tend un savon gros comme une petite boîte d'allumettes et un linge. En avant pour la douche… collective. Mon Dieu, la douche collective. Quatre douches côte à côte qui n'en forment qu'une. De nature pudique, je ne sais pas par où commencer pour me déshabiller près des porte-manteaux à l'entrée de ces sanitaires. J'hésite. En même temps, une douche me ferait un tel bien ! La gardienne me presse. Les autres filles sont déjà en train de se récurer. Il y a une Black qui fait un raffut d'enfer tant elle se frotte énergiquement. On dirait un enfant jouant avec sa paille dans son verre de sirop, la naïveté en moins. Je me lance et rejoins la douche prise en sandwich entre deux autres. Personne ne prend garde à moi. Mais mes règles sont toujours abondantes et les filles ne tarderont pas à lever la tête, dépitées devant l'eau mêlée de sang qui coule à leurs pieds. Je suis pétrifiée de honte. Que faire si ce n'est se doucher le plus rapidement possible pour mettre fin à ce calvaire?

On me conduit devant un vaste vestiaire où sont suspendus des tas d'habits. Des manteaux, des jupes longues, des hauts de marque tout neufs avec l'étiquette encore accrochée dessus. Je pose des questions. «C'est ce qui est confisqué lors des interpellations», me répond-on laconiquement. J'ai du mal à y croire. Ne faut-il pas rendre au magasin le fruit d'un vol?

Le réfectoire. Les bruits des couteaux et des fourchettes qui s'entremêlent dans une ambiance morne. Personne ne parle. Chacune a le nez dans son assiette. Renée, une des surveillantes de l'étage, m'encourage du regard à manger. Je n'ai pas touché mon assiette. Mon estomac est trop noué. Ma tête calcinée par trop d'interrogations. On m'a proposé de travailler en cuisine, en buanderie, à l'atelier poterie ou à celui de confection des bijoux. «Travailler?», j'ai dit, interloquée. «Je ne comprends pas. Si vous me donnez un travail, c'est que vous voulez me garder ici? Mais moi, c'est une erreur que je sois là! Je vais bientôt sortir, ce n'est pas la peine. Je ne vais pas commencer un travail pour l'interrompre le lendemain», me suis-je indignée. «Croyez-en mon expérience, m'a répondu Renée, que les rondeurs rendaient gracieuse, ça fait du bien à la tête.» Mais si j'acceptais de travailler, cela n'allait-il pas entériner ma *présence* ici? Elle m'a assuré que non.

Il a fallu six jours pour que j'accepte. Six jours durant lesquels je ne suis plus sortie de ma cellule que pour me doucher. Pas même pour manger. Je sollicitais le médecin pour des piqûres de tranquillisant. On m'avait avertie dans l'intervalle que mes enfants avaient été placés en foyer. Comme Nina et Sophie avaient 8 ans d'écart, leurs chambres n'étaient pas au même étage. On m'avait rapporté que la direction du foyer avait tenu bon deux jours et deux nuits sur leurs principes. Non, quand bien même elles étaient sœurs, elles ne pouvaient pas être dans les mêmes quartiers. Mais les deux premiers matins, le personnel avait retrouvé la petite tétant son doudou dans le lit de sa grande sœur, au dernier étage. Très perturbée, Sophie n'avait plus prononcé un mot depuis notre arrestation. Réuni en cellule de crise, le personnel administratif, épaulé par des psychologues, avait finalement cédé au bout de 48 heures : Sophie pourrait dormir avec sa sœur.

Quant à moi, je ne dormais pas. Je ne mangeais pas. Je ressassais. Pour qui nous avait-on pris ? Je tentais de me remémorer chaque rencontre avec des compatriotes. Depuis qu'on nous avait placés au 87 rue de Carouge, nous baignions malgré nous dans notre milieu d'origine. Ça parlait géorgien à tous les étages. Koba m'avait ordonné dès le départ de n'ouvrir à personne. De n'accepter aucun colis « en dépôt ». A plusieurs reprises, j'avais imploré mon assistante sociale qui m'était attribuée par l'Hospice général de nous changer de logement[7]. Oui, il fallait partir à tout prix de cet immeuble malfamé. Nous sentions que nous n'étions pas dans un milieu sain. Les allées et venues incessantes. A

---

7 (Lettre de Domenica Benaissa à Me Jordan en date du 28/07/09 « Je vous confirme avoir eu connaissance de la situation de Mariam Salikadze concernant son logement inconfortable et de l'environnement peu fréquentable de cet immeuble. A plusieurs reprises, Madame Mariam Salikadze a entrepris des démarches auprès de son assistante sociale afin de changer de logement et de quartier » ; Lettre de Rachel Jimenez similaire en date du 5 août 2009 ndlr)

toute heure du jour et de la nuit. Les planques : « On pourrait dormir chez vous juste pour cette nuit ? On est quatre ». Les bavardages dans la pénombre des caves. Les claquements de porte du grenier collectif. Le vent qui s'engouffrait par l'ouverture qui permettait d'accéder au toit-terrasse. Et qui balayait tous les étages en rafale. Les coups de sonnette réguliers aux portes : « On peut emprunter vos toilettes ? »

Nous avions fui la mafia en Géorgie mais nous nous retrouvions à ses portes en plein Genève. Nous avions souffert à cause de cette organisation criminelle. J'avais failli mourir à cause d'elle. Mon mari avait été tabassé presque à mort. On avait dû fuir comme des voleurs, laissant derrière nous nos parents, nos oncles, nos tantes, nos cousins, nos cimetières où étaient enterrés nos proches, nos églises où nos petits avaient été baptisés, notre maison que mon père avait construite de ses mains. Et comme un curieux présage, nous pressentions confusément que l'histoire allait se répéter.

C'est ce qui a fini par arriver, un soir il y a « quatre ou cinq mois, peut-être huit » comme l'a confié mon mari à la juge d'instruction Nathalie Magnenat-Fuchs dès son inculpation. Koba avait refusé catégoriquement d'abriter des « colis ». Un dénommé Chota l'avait enjoint de le faire quand même. Koba, qui se doutait bien qu'il s'agissait du fruit de cambriolages, avait tenu bon. Non, c'est non. « On a utilisé sa bonne intégration à Genève et abusé du fait qu'il soit titulaire de papiers en bonne et due forme à Genève, locataire et non pas sous-locataire » nous expliquera l'avocat de Koba, Me Nicola Meier, plus tard.

Quand Koba a passé la porte ce soir-là, alors que l'odeur des *Abkhazura* (brochettes de viande hachée assaisonnée, ndlr) que je cuisinais depuis une bonne heure envahissait le couloir, rendant jaloux les voisins qui ne savaient rien faire qu'à rester vautrés devant leur télévision, j'ai revécu le cauchemar de 2003 en Géorgie. Son visage, qui avait vieilli de cinq ans dans l'intervalle, n'était de nouveau plus qu'une immense tuméfaction. Il avait été tabassé par cinq hommes à la fois, était-il parvenu à me dire quelques heures plus tard, après avoir pu reprendre son souffle et bu quelques verres d'eau.

Je suis là, dans ma cellule, et je me refigure ce soir-là. Sophie, dans nos jupons, à laquelle tout échappait, du haut de ses 4 ans. Nina, elle, venait de rentrer enchantée de son premier cours de flûte en primaire: « je vais m'appliquer maman, comme ça, je pourrai t'accompagner à la flûte quand tu chanteras Nodiko Tatishvili (un jeune chanteur pop qui devait représenter la Géorgie au concours Eurovision de la chanson quelques années plus tard, ndlr). Si, elle ne comprenait pas tout (qu'y avait-il à comprendre ?), la gravité avait chassé l'enthousiasme de son visage. Du regard, elle m'interrogeait pour savoir comment elle pouvait se rendre utile. Moi enfin, qui priais tous les saints orthodoxes pour que l'histoire ne se renouvelle pas. Mais elle était là, sous mes yeux, et elle nous frappait de nouveau en plein cœur. C'était inexorable.

Je triture mes orteils nus sur le sol sans couleur de cette microscopique cellule et je me dis que c'est sans doute ce soir-là que tout a définitivement basculé. Mon mari a dû céder quelques jours plus tard. « Chota est repassé chez moi le 18 ou le 19 avril. Il m'a dit qu'il repasserait une semaine plus tard pour prendre ses affaires. Je l'ai supplié de les prendre. Il m'a dit de n'en parler à personne et a menacé de s'en prendre à mes enfants si je le faisais », confiera Koba dès son inculpation le 6 mai.[8]

[8] (PP n°P/7277/2009).

Savait-il qu'on lui avait alors «confié» un revolver, un Smith & Wesson 357 magnum non chargé? Des montres? Je connais bien mon Koba. Je l'ai aimé passionnément. Il avait la vocation de journaliste chevillée au corps. Il a toujours parlé politique avec ferveur, s'emportant sur tous les corrompus dont les pays de l'ex-URSS ne parvenaient pas à se débarrasser. «On n'y arrivera jamais avec des types pareils au pouvoir!», tonnait-il, tapant du poing sur la table et recrachant la fumée de sa cigarette en pleine figure de l'interlocuteur qui osait lui soutenir l'inverse. Il avait bien dû faire quelques conneries, comme tous les ados. Mais rien de bien méchant. Il avait été pincé pour vol à l'étalage, une fois. Il voulait faire le malin devant les copains. Ça lui avait servi de leçon.

Il y avait bien cette histoire de méthadone qui me turlupinait depuis quelques années. Il me dit que c'est pour soulager les douleurs liées au traitement de son hépatite C. Mais je ne suis pas dupe. Je sais que pendant la guerre d'Abkhazie, la plupart des hommes se droguaient à bon compte pour supporter le front. C'est d'ailleurs à cette époque qu'il a contracté son hépatite. Depuis, il replonge épisodiquement. Tantôt à coup de méthadone, tantôt pour de vrai. Il ne me dit rien, mais j'en suis sûre.

Six jours étaient passés depuis qu'on m'avait proposé de travailler. Vingt-et-un Géorgiens, Russes et Tchétchènes fraîchement interpellés venaient de débarquer à Champ-Dollon. Je commençais à prendre la mesure du réseau à démanteler. Emportée dans cette tourmente tentaculaire, je risquais bien de faire quelques semaines supplémentaires de prison avant qu'ils ne réalisent leur bévue. A partir de là, j'acceptais de travailler et je demandais qu'on m'amène une Bible en géorgien.

Debout en prison

La professeure de poterie est un petit bout de bonne femme moderne et colorée. Cheveux courts, haut pimpant souvent assorti à ses chaussures ou à son collier, elle dégage une fraîcheur et une subtilité qui percent la chasuble de plomb pesant sur toutes les détenues. Anouk, c'est son nom, nous montre le travail de la terre glaise.

Malaxer. Modeler. Façonner. Tourner (mais il n'y a qu'elle qui a le droit d'utiliser la machine, ça coûte trop cher, nous a-t-elle averties dès le premier jour). Faire sécher. Emailler. Les objets prennent forme et cela me fascine.

Dans le classeur qu'Anouk nous tend – « merci de le manipuler uniquement si vous avez les mains propres » – je choisis un modèle de vase africain. Anouk me met en garde : l'objectif est trop difficile pour une première fois. « Il vaudrait mieux que vous vous fassiez la main sur un cendrier par exemple », m'incite-t-elle. Non, j'insiste. Je souhaite me lancer dans la réalisation de ce magnifique vase africain ocre. Je ne vais quand même pas encore me laisser dicter ce que je dois faire ou non alors qu'on m'a jetée entre ces quatre murs ! Non mais.

D'autres ont opté pour l'activité cuisine. Certaines pour la buanderie. D'autres encore fabriquent des bijoux fantaisies qui, comme les productions de l'atelier poterie, seront revendues lors de kermesses d'école[9], si j'ai bien compris.

Nous sommes plusieurs Géorgiennes à avoir choisi la poterie. Il y a aussi une Tchétchène. En parlant russe, nous nous comprenons. Il y a toujours quelques gitanes de passage. Je dis «de passage» car je n'ai pas tardé à comprendre que ces femmes, souvent prises la main dans le sac, le soutiens-gorges rempli de bijoux volés, allaient et venaient régulièrement à Champ-Dollon. La première fois qu'on a annoncé la libération d'une d'entre elles, j'ai souri, j'ai applaudi, j'ai félicité. Je pensais avant tout à la mère de famille qui était en elle. Mais j'ai vite compris que mon enthousiasme était démesuré quand le surlendemain, la même gitane est réapparue avec d'autres comparses. Et que le scénario de la libération annoncée s'est renouvelé. En fait, le ballet des gitanes de Champ-Dollon était plus qu'un leitmotiv. C'était une animation. Moi qui étais si sensible et qui me prenais de compassion au début dès que je voyais une femme passer la porte de la prison, j'avais fini par me prendre au jeu des autres détenues. Elles avaient inventé un petit accompagnement presque musical pour accueillir les gitanes et les saluer à leur départ. Il fallait taper dans ses mains deux fois puis sur ses genoux trois fois, tout en psalmodiant. Les gitanes avaient la cote car si dehors, elles n'étaient pas très fréquentables, ici, elles nous faisaient rire. Je crois aussi que nous admirions toutes leur ingéniosité

---

9 La plupart des activités réalisées dans les ateliers de Champ-Dollon répondent à des besoins internes de l'établissement: cuisine (confection des repas consommés par les détenus); nettoyage (des couloirs); peinture (entretien du bâtiment), menuiserie (par exemple fabrication de lits ou d'étagères pour les cellules)... Les détenus sont rémunérés pour leur travail, comme le prévoit le Code pénal. Le produit de la vente des objets ou services qu'ils réalisent entre dans les caisses de l'Etat.

certaine. Chacune avait son tour de passe-passe spécial. L'une d'entre elles m'avait une fois raconté comment elle dupait le kiosquier qui finissait par lui rendre le double de la monnaie. Le seul inconvénient de ce vol à l'astuce était qu'il fallait sans cesse changer de quartier et que c'était fatigant, avait-elle ajouté sans rire. Cette anecdote m'avait laissée mi-béate d'admiration, mi-offusquée.

D'autres femmes me faisaient peur. Comme cette Péruvienne qui déambulait dans les couloirs la tête haute, les cheveux longs, insolente de beauté et de jeunesse. Avec l'aide de son fiancé, elle avait tué et découpé en morceaux une jeune fille enceinte de 15 ans qui avait flirté avec son amoureux. Je ne pouvais pas croire qu'un tel monstre existe. J'évitais de croiser son regard. Le seul fait de me retrouver en sa présence ou non loin, au réfectoire, me tétanisait. Une fois, je me retrouverai dans la douche collective avec elle. J'en oublierai de me savonner. Je repartirai uniquement rincée.

Cécile, la meurtrière du banquier français Edouard Stern[10], ne me fait pas du tout le même effet. Pourtant, nous savons toutes qu'elle a tué de sang-froid. Cécile était devenue anorexique et n'était plus que l'ombre d'elle-même. Elle ne faisait pas profil bas. Elle n'existait plus. Elle était à l'isolement – je crois que c'est elle qui l'avait demandé. Il paraît que ça signifiait qu'il n'y avait pas même un matelas dans sa

---

[10] Le 28 février 2005, le banquier français Edouard Stern est tué à son domicile genevois de 4 balles de 9 mm à bout portant, dont deux à la tête. Le corps est retrouvé le lendemain par son personnel de maison, étendu sur son lit, sanglé et revêtu d'une combinaison intégrale en latex comme en utilisent les amateurs de jeux sado-masochistes. Cécile Brossard, sa maîtresse, est arrêtée le 15 mars suivant et avoue être l'auteure de ce crime passionnel. Son procès se tiendra en juin 2009. Elle est reconnue coupable de meurtre et est condamnée à huit ans et demi de prison. En novembre 2010, elle sera remise en liberté conditionnelle.

cellule. Des WC turcs. Le crime dont elle s'était rendue coupable avait élimé son corps pourtant encore jeune. Quand on l'apercevait traverser le couloir pour se rendre à la promenade qui lui était réservée à elle seule, on aurait juré que ses os ne parviendraient pas à la porter au bout de l'étage. Je crois que ce qui finissait de m'attendrir, c'étaient les visites de son mari. La tendresse qu'il affichait à son égard était déconcertante. Tout au long des trente minutes de parloir qui lui étaient octroyées, il trouvait toujours un moyen pour lui tenir la main ou lui effleurer un doigt à travers l'interstice de la vitre. D'autres détenues racontaient avoir vu son regard, empli d'un amour abyssal. En fait, nous l'avons toujours considéré comme son «mari». Mais ce n'est qu'à sa sortie (Cécile est sortie seulement un an après moi!), que j'ai appris par la presse que Xavier G. était son protecteur, pas vraiment son amant...

Chaque matin, de 8h à 11h, je travaille la terre glaise. J'aime bien Anouk. Sa personnalité m'élève. Mais la réciproque n'est pas vraie. Je sens ses a priori à l'égard des Géorgiens. Elle fait son possible pour se concentrer sur les consignes à nous donner mais je suis suffisamment fine pour sentir qu'elle réprime son mépris naturel à notre égard, les Géorgiennes. Un matin, ma compatriote s'en agace. Je la voyais bouillonner depuis un moment, jetant la terre en boule sur la table. Puis, c'est l'explosion: «Mais enfin, que croyez-vous? Que nous sommes toutes des voleuses?» Elle a bondi de sa chaise tout en disant cela et s'est arrêtée avant de saisir Anouk par le col de son chemisier. La prof doit sentir son haleine pleine de tabac. Gloria se contient, juste à temps. Elle sera privée de cours durant deux semaines. Je la prends à part: «Crois-tu que c'est comme cela que tu peux lui prouver que nous ne sommes pas des vauriennes?» Je suis fatiguée, fatiguée d'être prise pour une autre, fatiguée de cet enfermement, fatiguée de ne pas voir mes petites. Je poursuis quand même: « C'est par notre comportement exemplaire que nous devons la faire changer d'avis au fur et à mesure, certainement pas par ce genre de coup d'éclat ». Gloria opine du chef et s'effondre en larmes. Elle est épuisée elle aussi.

De retour dans ma cellule, je m'assois par terre (où donc d'autre s'asseoir ?), la tête dans mes genoux, et je pleure toutes les larmes de mon cœur. La Brésilienne est là, elle regarde une émission idiote sur M6. Elle monte le son comme pour couvrir le bruit de mes sanglots qui l'agacent. Je ne la vois pas, la tête toujours enfouie dans mes genoux, mais je la sens qui ricane devant mon désespoir. Je ne peux plus la supporter. Je prie intérieurement Dieu pour qu'il me donne la force de ne pas lui bondir dessus pour lui arracher les cheveux.

En fin de journée, je demande à changer de cellule.

La trouille bleue

J'arrive dans une cellule de cinq personnes où nous sommes sept. Ce ne sera que pour deux nuits, m'assure la surveillante de l'étage, Anne-Marie, une femme rondelette et souriante. D'ici septante-deux heures (serai-je encore là?), j'aurai mon propre lit. Il y a là une autre gitane, mais française cette fois, une Géorgienne arrêtée le même jour que moi et que je toise d'emblée (c'est à cause de ses magouilles que je me retrouve là), une Franco-Albanaise qui, aussitôt pris son plateau de nourriture au réfectoire, monte le manger dans la cellule (merci les odeurs) et qui insulte la Brésilienne que je viens de laisser dans la cellule numéro 343, la traitant régulièrement de «macaque» (quel lien ont ces deux femmes? cela restera un mystère mais je soupçonne que le dealer albanais de l'étage du dessous y soit pour quelque chose), une Portugaise qui a donné des coups de couteau à son mari sans parvenir à le tuer, la belle-sœur de la gitane du kiosque (c'est sûrement elle qui s'apprête à libérer un lit, évalué-je d'un premier coup d'œil en entrant dans la cellule) et Violetta, une Brésilienne qui a l'air brave.

Cette fois, mon matelas par terre est contre le mur, sous la lucarne et non plus au pied du lit superposé, gênant le passage. Je me sentirai sans doute plus calfeutrée dans cet angle. Peut-être dormirai-je mieux. Qui sait.

Mais dès la première nuit, je suis réveillée par un immense raffut. Violetta vient de bondir de son lit. Elle est au sol, elle halète bruyamment, ses yeux sont révulsés, son visage est bleu. Je me précipite sur la sonnette grâce à laquelle nous pouvons appeler les gardiens. Je sonne, je sonne et re-re-sonne. Je garde mon doigt appuyé sur la sonnette. Je me mords les lèvres, ne sachant que faire d'autre qu'appuyer encore et encore sur cette satanée sonnette. La Franco-Albanaise se saisit d'un cornet en papier et lui applique sur la bouche. J'hurle: «Mais qu'est-ce que tu fous? Tu vas l'étouffer, bon sang!» Je suis en train d'assister à un meurtre. Je suis tétanisée. Le personnel administratif de la prison n'arrive toujours pas. Mon doigt est resté appuyé sur la sonnette depuis ce qui me semble être une éternité. J'aimerais bondir sur la Franco-Albanaise et la tirer en arrière pour l'empêcher d'étouffer Violetta. Mais mon corps reste figé. Je ne sais plus si mon sang circule encore. La cage thoracique de Violetta est complètement rentrée, formant un grand creux sous sa poitrine. Je crois que je vais m'évanouir.

Une infirmière arrive enfin. « Merci d'avoir fait le nécessaire », lui dit-elle en s'emparant du cornet d'une main et en téléphonant aux secours de l'autre. Violetta est transportée à l'hôpital, comme ce sera régulièrement le cas les nuits suivantes. On m'explique que cette Brésilienne a des problèmes cardiaques et que le personnel soignant a montré à ses codétenues l'attitude à avoir en cas de crise: lui mettre un cornet sur la bouche pour l'oxygéner. Mon Dieu, que j'ai eu peur!

Impossible de refermer l'œil. Pourquoi diable ai-je demandé à changer de cellule?

Le patrimoine mondial

Cela fait un mois maintenant que je suis enfermée entre ces murs. Je tente de tromper l'angoisse avec le train-train de la prison : le réveil collectif, la douche commune, les ateliers de poterie – Anouk me trouve douée – qui me permettent d'acheter des cigarettes et du shampooing un peu plus sophistiqué[11], ma prière intérieure avant chaque repas, la promenade surplombée par les barbelés mais qui permet de respirer l'air extérieur, la visite du prêtre catholique le dimanche (je suis orthodoxe mais faute de grives, on mange des merles) et la distribution de livres en prêt toutes les deux semaines. Ah, la bibliothèque mobile ! Que ne m'a-t-elle permis de m'évader ! Quel réconfort ! Plongée dans un livre – dieu merci, mon niveau de français me permet de tout comprendre –, j'oubliais où j'étais le temps de la lecture, l'image d'Hélène tétant son doudou dans la cellule et de sa sœur prête à bondir disparaissait de mon esprit le temps de l'histoire qui me transportait.

J'ai même trouvé un grand livre magnifique sur le « patrimoine culturel de la Géorgie ». Il était très épais et avait des

[11] Le travail en atelier est « rémunéré » 300 francs. Cela s'appelle une contre-prestation.

images splendides. La cathédrale de Bagrati et le monastère de Ghélati, les hauts de Svaneti, Mtskheta, tous inscrits au patrimoine mondial de l'UNESCO. Je pouvais revivre un peu de chez moi. L'ensemble de Bagrati datait du Xe siècle, il était dans ma ville d'origine, Koutaïssi, j'allais même à l'office là-bas. Maintenant, je me contentais d'admirer ses peintures murales reproduites dans ce livre. Mais Dieu ce que cela faisait du bien ! Les pages consacrées à Svaneti me donnèrent les larmes aux yeux. Ma tante ! Elle m'avait hébergée sur ces hauteurs escarpées après que la mafia m'eut passée à tabac. Quelques semaines plus tard, alors que je suis toujours incarcérée, j'apprendrai le décès de mon oncle, son frère. Impuissante, faite comme un rat entre quatre murs, il ne me resterait plus que la prière.

Le lendemain matin, je décidai de me rendre à l'atelier poterie avec mon grand livre sous le bras que je déposai subrepticement à dessein en bout de table. Ça n'a pas manqué. Il a tout de suite aimanté le regard d'Anouk qui s'en est saisi après m'avoir demandé la permission. Elle s'est immédiatement mise à feuilleter les pages. Plus les pages tournaient, plus son regard s'éclaircissait. Entre deux pages, elle me jetait un œil d'abord interrogateur puis carrément admiratif. « Je peux vous l'emprunter, Mariam ? Je vous le rapporte la semaine prochaine, d'accord ? », me dit-elle. « Avec plaisir », ai-je répondu. Voilà Gloria, c'est comme ça qu'on montre d'où on vient et qui on est, pas en laissant jaillir sa rage d'être enfermée pour rien.

La collusion

Mon niveau de français est très bon voire excellent et cela fait belle lurette que je n'ai plus appris de mots nouveaux. Voici pourtant un nouveau mot qui me parvient aux oreilles, « le risque de collusion », dont je me serais bien passée. Le 27 mai 2009, vingt et un jours après mon arrestation, alors que je n'ai toujours pas vu mes enfants, alors que je ne comprends toujours pas comment je me suis retrouvée mêlée à tout ça si ce n'est par la nationalité que je partage avec les vauriens du réseau, la juge d'instruction, Nathalie Magnenat-Fuchs, qui claquera la porte du Ministère public moins de deux ans plus tard en même temps que les trois autres premiers procureurs (si j'avais su !), ordonne la « super-suspension de l'instruction contradictoire » : « Attendu qu'il ressort de l'enquête et des éléments réunis en l'état qu'il s'agit d'une affaire complexe et d'une gravité certaine, s'agissant de vols en bande et vols par métier, subsidiairement de recel par métier, que certains actes d'enquête doivent être faits ce jour ou ces prochains jours, sans que les inculpés y soient associés, faute de quoi le risque de collusion, certain, compromettrait le résultat et la suite des investigations ; qu'il importe que tout soit entrepris pour parvenir à la manifestation de la vérité ; que, dans ces conditions, il y a lieu de suspendre l'instruction contradictoire, la consultation du dossier et le droit d'en lever copie, en tant qu'ils concernent les actes visés dans la fiche verte du juge du 25 mai dernier, et ce, afin que les inculpés ne puissent prendre connaissance des pièces qui en découleront, moduler leurs réponses en fonction de ce qui est contenu et nuire à l'établissement des faits ; qu'il y a lieu d'étendre ces mesures aux conseils des inculpés, sans que cela ne doive être interprété comme une manifestation de défiance envers les avocats [...] Cette mesure prendra fin au plus tard le 30 juin 2009, une prolongation demeurant réservée si nécessaire. »

Je suis abasourdie. Ainsi, parce qu'ils craignent que je ne communique à quelqu'un de ce fameux satané réseau (*Vor V Zakone*, c'est cela qu'ils avaient dit ?), ils ne me laisseront ni sortir, ni consulter mon avocat. Ai-je bien saisi ? Jusqu'au 30 juin ? Trente-trois jours encore. Calme-toi, Mariam. Calme-toi. Rappelle-toi l'accouchement, comme on t'a appris à respirer. Voilà, c'est ça. Respire. Souffle. Doucement. Respire, Mariam. C'est bien.

Où sont mes petites ? Je veux mes petites !

* * *

Dimanche, ils vont m'amener Nina et Sophie. Nous sommes jeudi. Je trépigne d'impatience. J'essaie de manger un peu pour me remplumer. J'ai déjà perdu 7 kilos, m'ont-ils dit à la visite médicale. Je ne sais pas si je dois sortir la grande tenue du dimanche (en piochant dans le fameux vestiaire de Champ-Dollon), si au contraire, je dois arborer une tenue normale pour ne pas les effrayer davantage. Je ne sais pas comment leur préparer un cadeau. Je ne sais pas quel jeu leur proposer. Je ne sais pas que leur raconter et que leur cacher. Leur père, moi, les voisins. Dois-je demander au prêtre, fût-il catholique, de rester dans la foulée de son office, pour toutes nous bénir ? Ce qui est sûr, c'est que je vais me poudrer, tenter de masquer ces vilains cernes qui ont creusé mon visage ces dernières semaines, requinquer ma peau terne, minée par tant de soucis, relever mes cheveux que j'aurai auparavant pris soin de laver avec le shampooing supérieur que je me fais acheter grâce à l'argent des contre-prestations. Que puis-je leur amener ? Me donneront-ils des fruits, des biscuits au réfectoire le matin pour elles ? On m'a expliqué qu'il leur faudrait enlever leurs chaussures, passer les sas pour parvenir à la salle appelée « parloir ».

Nous voici arrivés à dimanche. Je n'ai rien pu avaler. Pas même un café. A midi, j'ai déjà fumé un paquet de cigarettes entier. Je tremble. Je pleure. De joie. De hantise. De tout. Je ne marche pas, je survole le sol. Impossible qu'on m'autorise à avoir un natel pour les photographier. Ça y est, c'est l'heure. On m'accompagne à travers les étages. Les couloirs. Les lourdes portes antifeu. Les grilles. Les serrures qui claquent devant moi. Derrière moi. Nous y voilà. Nous sommes derrière la porte. Quand elle s'ouvrira, je verrai mes petites. Un regard interrogateur d'Anne-Marie, la surveillante, comme pour me demander si je suis prête. Je crois que je hoche la tête. Mais je ne sais pas. Mes yeux sont déjà embués. Quand la porte s'ouvre, je ne vois déjà plus rien. J'ai juste le temps de m'accroupir pour recevoir deux enfants qui me sautent dans les bras. Les longs cheveux de Nina sur moi. L'odeur de Sophie qui est encore un bébé. Mon Dieu, comme nous pleurons ! Nous restons là, moi assise à même le sol, avec mes deux petites dans les bras, mon nez enfoui dans leur cou. Et nous pleurons.

Quand je prends enfin un peu de recul pour regarder leurs visages, un quart d'heure est déjà passé. Il en reste un autre. Quinze autres petites minutes pour les observer, évaluer le changement qui s'est opéré – pas seulement dû à la croissance, hélas – toucher leurs mains, palper leurs doigts, caresser leurs cheveux, leur poser des questions sur leur quotidien, se reprendre, prendre sur soi, leur dire que tout va s'arranger, tout finira par s'arranger, de toute façon il le faut bien, nous sommes en Suisse, c'est un Etat de droit, ils finiront par se rendre compte qu'il s'agit d'une terrible méprise.

Sophie veut me croire. Elle est si petite ! Nina est sur la défensive, prête à en découdre s'il le faut avec les autorités. Elle veut organiser une pétition – « puisqu'on a des droits ici, utilisons-les ! », défendre sa mère, aller sur la place des Nations, rendre cette erreur judiciaire scandaleuse publique. Pour que toutes les moqueries dont elle est désormais l'objet dans son école ne soient pas vaines. Pour que les autres filles du foyer, qui la narguent chaque jour, sachent la vérité. Pour que la direction du foyer arrête de la toiser.

Non, non, Nina. Il est impossible d'organiser quoi que ce soit. L'instruction est toujours en cours. Ne t'inquiète pas ma chérie, la justice va faire son travail, se rendre compte de sa bévue, l'affaire sera portée à la connaissance du public, justice nous sera rendue. Il faut être patient. Faire profil bas. Et surtout accepter le manque. Le manque de toi. Le manque de nous. Le manque de notre foyer où, malgré notre condition modeste, nous pouvions rire aux éclats, se lancer des raisins en visant la bouche de l'autre, mettre la musique pour faire la ronde et danser, boire du chocolat chaud l'hiver dont l'odeur envahissait l'appartement, ouvrir la fenêtre pour saluer les passants, se déguiser avec les jupes de maman, maquiller une moustache au-dessus de ma bouche pour vous faire rire, aller au kiosque pour reluquer les cartes postales de toute la Suisse et ainsi voyager un peu – « Ça a l'air si beau le Valais, maman ! », dormir ensemble pour évacuer les cauchemars...

Le bip retentit. C'est la fin du parloir. Sophie s'est blottie contre moi. Elle me serre tellement qu'il semble impossible de l'extirper de notre étreinte. J'ai la main dans ses cheveux. Mon Dieu, qu'est-ce que c'est que ça ? Un pou ! Sophie a un pou. Je l'attrape entre mes longs ongles et le tue. Je resterai longtemps avec ce pou dans la main. Je n'ose pas le jeter. C'est répugnant, mais je voudrais presque le garder car il est le dernier contact que j'ai eu avec ma fille. J'ai juste le temps de hurler aux accompagnantes qu'il faut s'occuper de cette histoire de poux dès leur arrivée au foyer, qu'il faut traiter Sophie, acheter des produits en pharmacie. S'il vous plaît, je vous en conjure, au moins gardez ma fille propre !

* * *

On m'a apporté une Bible en géorgien en format poche, ce qui me permet de l'avoir avec moi tout le temps, jour et nuit. Je m'accroche. Anouk m'a rendu « mon » livre sur la Géorgie. Elle semblait épatée par ce qu'elle y avait découvert. J'ai senti qu'elle envisageait de pouvoir avoir de la considération pour moi, d'autant que je me débrouillais très bien « dans sa classe » et que j'étais celle en laquelle elle investissait le plus de temps pour que je m'améliore encore. En me rendant le livre, elle m'a dit : « Votre histoire millénaire est vraiment sublime ». Ça a été le début de notre première vraie conversation. Elle m'a interrogée sur les raisons qui m'avaient amenée ici. J'ai tout raconté. Mon innocence. Le timbre neutre, la tête haute. Je n'ai rien à me reprocher, je finirai bien par sortir. D'ailleurs, le vase africain, je ne sais pas si je pourrai le terminer un jour.

* * *

Nous sommes le 6 juillet. Aujourd'hui, Sophie a 5 ans. Je reste prostrée toute la journée dans ma cellule.

* * *

Cela fait maintenant presque deux mois et demi que je suis enfermée. Mon avocat, Me Jordan, a demandé ma mise en liberté et il a bon espoir, m'a-t-il dit. Nous sommes le 21 juillet. L'école a fermé il y a presque un mois maintenant et je me demande à quoi mes petites peuvent bien occuper leurs journées au foyer. Y a-t-il seulement un jardin ? Nina est-elle toujours accompagnée d'un adulte ou a-t-elle des droits de sortie, fussent-ils courts ? S'est-elle amourachée d'un pré-adolescent de son âge ? A-t-elle seulement la tête à ça ? Je la sens rebelle et fragile à la fois, prête à exploser. Et comment Sophie peut-elle se construire sans parents à ses côtés ? Y a-t-il quelqu'un pour la câliner le soir ? Eloigner ses cauchemars quand ils surviennent en pleine nuit ? Qui l'aide à se laver les dents ? Fait-elle encore la sieste l'après-midi ? Leur vie m'échappe. La vie de la chair de ma chair m'échappe complètement. Je ne sais plus rien de leur quotidien. Seulement que Sophie passe en deuxième année de primaire mais qu'elle veut changer d'école, ce qui n'est pas bon signe. Nina, elle, s'est bagarrée plusieurs fois. Elle est revenue avec des cocards. Elle passe pour une fauteuse de troubles. Mais ce sont les autres élèves qui la brocardent sur ses parents en prison. «Je ne fais que me défendre face à la calomnie ! », a-t-elle expliqué à la direction qui ne serait pas mécontente de la voir partir.

Je vais peut-être bientôt pouvoir remettre un peu d'ordre dans tout cela. Me Jordan a bon espoir que je sorte. Il me l'a répété, il y a peu. De la «rafle», il reste 24 personnes en détention. Plus de 25 kilos de bijoux ont été saisis, que la police estime être le fruit d'environ 120 cambriolages. Ils ont aussi mis la main sur près de 40000 francs et 10000 dollars transférés à l'étranger. Ils ont ce qu'il leur faut. Ils vont nous laisser tranquilles. A quoi pourrais-je bien leur servir?

Ils ont tout épluché: nos conversations téléphoniques, nos éventuels transferts d'argent. Le reste de la «bande», ou devrais-je dire plutôt le «gang», a donc transféré près de 50000 francs ces derniers mois. Quant à nous, ils ont interrogé Postfinance, CSC Western Union, On Time AG, Travelex Switzerland AG, American Express, Union of Financial corners, Groupe Naville, RIA Financial Services AG et GMT. Résultat: seul un transfert de 375,20 francs envoyé à un certain Giovanni en Italie a été trouvé. Quelle perte de temps et d'argent!

Nous sommes donc le 21 juillet. Cela fait deux mois que je n'ai pas été entendue par la juge d'instruction et j'attends, fébrile, la réponse à ma demande de mise en liberté. Je ne sais pas comment je vais l'apprendre. Je doute que mon avocat se déplace en personne. Et encore que. Si la réponse est positive, qui doit m'accompagner hors de la prison? Comment rejoindre mes filles? Y a-t-il un taxi mis à ma disposition? Va-t-on me donner trois francs pour que j'achète un ticket de bus? Nous sommes quand même au fin fond de Thônex, Puplinge, tout au bout du canton. J'ai rassemblé quelques affaires. Une culotte propre, ma brosse à dents, du dentifrice. Le strict nécessaire pour passer la nuit avec mes filles. Au cas où. En même temps, j'essaie de me raisonner. De me dire que ce n'est pas gagné. Qu'il ne faut peut-être pas trop y croire. Mais c'est plus fort que moi. Mon cœur bondit dans ma poitrine et j'ai déjà fait mon lit de manière impeccable ce matin. La suivante pourrait s'y coucher sans s'apercevoir que les draps n'ont pas été changés. Un lit sans un pli, comme je les aime.

Le clic de la grille. C'est Anne-Marie qui vient me chercher. Enfin ! Mon sursaut de joie est de courte durée. Anne-Marie fait triste mine. Il ne sera pas même besoin de m'accompagner jusqu'au téléphone pour en avoir la certitude : ma demande de mise en liberté est refusée par la chambre d'accusation. Je saisis toutefois le combiné. Mon avocat : « Mariam, nous allons faire recours au Tribunal fédéral. Ne vous laissez pas aller, tenez bon, il n'y a pas de raison, je vais vous sortir de ce mauvais pas. » J'ai lâché le combiné et déjà, je ne l'entends plus. Je me suis évanouie.

* * *

Jusque-là, je ne m'étais jamais laissé abattre. Je n'ai même jamais été saoule de toute ma vie. Noyer mon chagrin dans l'alcool, ce n'est pas mon truc. C'est une technique de faibles. De ceux qui sombrent sans se donner la peine de se relever les manches. Mais ce soir du 21 juillet, où l'on a refusé ma mise en liberté, être rationnelle est au-delà de mes forces. Quand ma compagne de chambrée me tend une fiole d'alcool très fort (mon Dieu, quelle odeur !), j'accepte une première gorgée puis une deuxième et une troisième. Je ne dirais pas que ça me fait du bien mais ça enraie la roue de questions qui tournent en boucle dans ma tête. Je ne suis pas apaisée. Je suis neutralisée. Je vais me coucher.

Le lendemain, je suis une autre femme. Je me coiffe bien attentivement en me regardant dans le miroir, comme pour me défier moi-même : « Vas-tu devenir une crevure, une moins que rien comme ils t'y contraignent ou vas-tu parvenir à rester toi-même, Mariam? Mariam, mon Dieu, Seigneur Jésus Marie, retrousse-toi les manches!»

Je demandai à passer un coup de fil. J'alertai alors mon ancienne responsable au centre de formation des requérants, où j'étais réceptionniste avant mon arrestation. Elle m'adorait et elle viendrait ensuite me voir à plusieurs reprises durant ma détention. Laquelle se chargerait à son tour d'alerter Rachel, ma référente, qui m'appréciait également énormément pour la démonstration de force de caractère dont j'avais fait preuve depuis mon arrivée, cinq ans auparavant. Et puis la semaine prochaine, lorsque le compteur des coups de fil serait remis à zéro, j'avertirais une copine que j'avais rencontrée par l'intermédiaire d'une ancienne amie qui vivait à Bienne.

Toutes étaient offusquées par ce qui m'arrivait. Elles se mirent à écrire des lettres à mon avocat dont j'avais donné les coordonnées, qui les transmettait à la juge d'instruction et versait ces pièces au dossier. Ma responsable de formation, dithyrambique: « Mariam s'est révélée être une personne fiable et a donné pleine et entière satisfaction dans l'accomplissement des tâches demandées. Nous irons même jusqu'à écrire que c'est une perle.»

Ayant appris dans l'intervalle que la juge d'instruction était mère de plusieurs enfants, je lui écrivis également moi-même. Je l'implorai de reconsidérer ma situation. Toutes ces lettres lui parviendront le 10 août, comme l'atteste le dossier judiciaire.

Le 11 août, j'apprends que le Tribunal fédéral refuse à son tour ma mise en liberté.

* * *

Les jours passent et se ressemblent. Les gitanes vont et viennent. Et moi, je suis coincée là, avec les meurtrières et les criminelles, errant entre ma table de poterie, le réfectoire et les douches collectives. Heureusement, il y a ma Bible et mes enfants qui m'empêchent de me suicider. Oui, le suicide m'a effleuré l'esprit. Nous avons droit aux rasoirs sous la douche. Mais je ne sais pas si se couper les veines peut suffire. Et puis, je suis trop chrétienne. Je ne peux pas mettre un terme à la vie que Dieu m'a donnée. Ne serait-ce que pour mes enfants qui m'attendent dehors.

Quand j'ai des idées sombres, que je me dis qu'ils vont peut-être s'enferrer dans leur erreur et me condamner quand même, que je serai victime d'une erreur judiciaire jusqu'au bout, je raisonne. Combien d'années de prison pour le recel par métier et la détention d'arme dont ils croient que je me suis rendue coupable? Moins de deux, m'a répondu mon avocat tout en m'enjoignant de ne pas envisager cette possibilité. Vingt-quatre mois. Moins les trois mois et demi que j'ai déjà faits et les quelques semaines que l'on peut «m'offrir» pour bonne conduite. Il me resterait alors quoi? Un an et demi à tenir ici. Non, décidément, ça ne vaut pas la peine d'en finir.

Mon calcul est froid et raisonné. Mais parfois mon âme glisse quand même vers les ténèbres. Il me faut alors développer une autre stratégie. La Bible ne suffit plus. Mes enfants non plus car je crains de ne jamais les revoir. Je pense alors à mes parents qui ont mis tout leur cœur pour m'élever. A mon frère, qui a veillé sur moi jusqu'à son départ de la maisonnée. Je revois tous mes élèves de 5 à 10 ans à Koutaïssi. Et si l'un d'entre eux avait mis fin à ses jours, depuis? Quelle horreur.

Ma classe, la première année où j'ai été institutrice. J'avais les tout-petits. Il fallait leur apprendre à lire. Je faisais bonne figure mais en réalité, je n'en menais pas large. Quelle responsabilité pour une première année d'expérience ! Que ne m'avaient-ils pas donné au contraire la dernière classe de primaire où il ne restait qu'à valider les connaissances avant le passage au cycle ? J'avais 23 ans, j'étais belle, bien charpentée, déjà mère, et je ne manquais pas d'assurance. Mais ce n'était pas ma vocation. J'aurais voulu faire du théâtre, jouer la comédie, être actrice. J'avais une idole, Miriam Hopkins, une superbe actrice morte peu avant ma naissance. Elle était née en Géorgie mais était morte américaine, après une carrière notable à New York. J'avais la fibre pour le théâtre, je le sentais. J'adorais la poésie aussi. Mes parents m'avaient raconté que toute petite, lors de l'anniversaire d'un petit camarade de classe, j'avais « récité » une poésie que j'avais apprise pour lui, en guise de cadeau. Mais « réciter » n'était pas le terme. Devant l'assemblée présente – parents d'élèves et enfants – j'avais mis tout mon cœur pour « raconter » cette poésie avec ma gestuelle, mes mimiques et mon audace. J'allais et venais d'un bout à l'autre de la pièce dans un élan théâtral qui avait éberlué tout le monde, alors que j'étais haute comme trois pommes.

Après l'équivalent de la maturité en Suisse, j'ai parlé à mes parents de mon envie de continuer à faire du théâtre ou du cinéma. Il se trouvait que le frère de ma mère, mon oncle maternel donc, était producteur. Un petit producteur de province, mais quand même. Une fois par an, il sélectionnait une petite troupe de jeunes gens avec lesquels il « montait » à Tblissi, la capitale, pour participer à un concours. Mais oncle ou pas, mon père ne voulait rien entendre. Une actrice était forcément une femme de petite vertu. Infréquentable. Qui couchait pour réussir quand elle ne monnayait pas ses charmes. Non, lui vivant, sa fille ne s'engagerait pas dans une telle carrière qui promettait qu'elle se vautrât dans la débauche et la luxure. «Laisse-la au moins partir une fois avec mon frère, pour qu'elle essaie», avait plaidé ma mère. «Regarde, ma belle-sœur, elle l'accompagne bien dans ses tournées. Et c'est une femme respectable», insistait-elle de temps à autre, quand elle me voyait renfrognée. Mais rien n'y faisait. Ni la voix douce et aimante de ma mère, ni la façon qu'elle avait de s'y prendre avec mon père – seule elle pouvait lui faire entendre raison – ni l'intimité que je la soupçonnais de partager à dessein dans la foulée des conversations consacrées à mes futures études. Rien ne pouvait l'attendrir. Une actrice était forcément une catin. Sa fille n'en ferait pas partie.

Face au refus catégorique de mon père, j'étais bien obligée d'obtempérer. Chez nous en Géorgie, il était inenvisageable que la progéniture ne suivît pas l'avis de ses parents. D'autant plus si on était une fille. Or, j'adorais la littérature – mon Dieu combien d'heures ai-je passées le nez plongé dans des livres, moi qui peine à lire autre chose que ma Bible depuis trois mois que je suis en prison – et ma copine Tatiana m'incitait à la suivre à la Fac de langues étrangères. A bien y réfléchir, je me voyais bien traductrice… juridique. Oui, ironie du sort, je me figurais évoluer dans le monde du droit, en faire comprendre les tenants et les aboutissants dans plusieurs langues. C'est ainsi que cinq ans plus tard, je suis sortie de l'université avec mon master en russe, français et allemand.

Tout ça pour me retrouver à nettoyer les vitres du foyer de Loëx, en tant que requérante d'asile – toujours ces fameuses contre-prestations – quelques années plus tard. Il faut dire que je n'y voyais pas d'inconvénient. Je n'avais évidemment pas vocation à faire cela mais nous étions en Suisse et en attendant que notre régularisation se fasse, il fallait prendre son mal en patience. Koba, lui, faisait du jardinage. A l'époque, notre permis de séjour était renouvelable toutes les deux semaines.

Nous étions un peu isolés dans la campagne genevoise[12]. Vaches d'un côté, vignes à perte de vue de l'autre, et balcons fleuris partout. L'air sentait l'insouciance. Nous nous étions arrangées avec les autres voisines pour partager les allers-retours en bus à l'école. Tous les enfants rentraient manger à la pause de midi. Etant donné qu'il fallait compter 30 minutes de bus pour les accompagner à l'école, cela faisait quatre heures par jour. Si j'accompagnais Nina à 8 h 00, j'étais de retour à 9 h 00 et devais déjà repartir à 11h puis à 13h, retour 14h et nouveau départ à 15 h 30. C'était infernal. J'avais eu du mal à confier mon enfant à d'autres mais je dois dire que nous étions dans un environnement convivial et sympathique. Et puis, puisque tout le monde se prêtait au jeu, chacune devait prendre soin de l'enfant de l'autre pour qu'on prenne soin de son enfant à son tour, non ? Dans les maisonnettes proprettes de Loëx, nous recommencions tout à zéro mais l'avenir nous appartenait. Koba prenait des cours de français à l'IFAGE – il était bon en allemand mais son français patinait – et je mettais à jour mes connaissances informatiques en suivant un cours avec la Croix-Rouge.

Et puis j'ai eu Sophie, le logement est devenu trop petit et nous avons atterri dans cet immeuble de malheur du 87 rue de Carouge.

[12] Loëx se situe dans la commune de Bernex, au sud du canton de Genève, entre l'Arve et le Rhône. A l'époque, le tramway ne va pas encore jusqu'à Bernex et le quartier est desservi par une ligne de bus qui est peu fréquente.

Relaxée mais pas jugée

Anouk est en vacances. Je suis l'atelier cuisine à la place de la poterie. J'ai proposé de faire des yaourts. Les surveillants ont tellement aimé nos yaourts maison que nous en faisons désormais chaque jour. Nous avons même pu en transmettre aux hommes. La surveillante n'a normalement pas le droit de les leur transmettre mais elle a estimé que ça ne mangeait pas de pain. Les hommes en redemandent. C'est une piètre consolation mais cela me réchauffe le cœur de me sentir un peu utile, d'autant que parmi les détenus qui se régalent avec nos yaourts, il y a mon Koba.

L'été s'éteint doucement. A travers la grille, je vois la bise qui secoue les arbres. La température a chuté. J'enfile désormais un sweat pour la promenade et j'ai troqué mes sandales contre des chaussures fermées. L'eczéma a investi mon cuir chevelu au point que je ne peux plus me coiffer. J'ai su que Sophie était tombée du toit d'une maisonnette pour enfants au foyer et qu'elle avait dû être soignée à l'hôpital. Quelques points de suture et on n'y verrait plus rien, m'avait assuré une correspondante du foyer au téléphone. Quel enfant devient-on lorsqu'on doit être recousu à 5 ans sans pouvoir tenir la main de sa mère ? Quelle mère devient-on lorsqu'on a été privée de ses enfants des mois durant ? Mes deux petites ont fait leur rentrée il y a quelques semaines, seules. Qui les y a accompagnées ? Les carences affectives seront inscrites dans notre patrimoine familial pour toujours, je le crains.

Nous sommes le 18 septembre. Cela fait cent trente-sept jours que je suis enfermée. Quatre mois et treize jours. Il est 6 h 30, l'heure du réveil général. Ce matin, c'est Anne-Marie qui ouvre la grille. Alors que nous sommes les cinq détenues en file indienne pour rejoindre les douches, Anne-Marie m'intercepte. Elle va me faire perdre la place du fond à la douche, qui permet de ne pas récupérer l'eau sale des autres douches qui s'écoule à nos pieds. Elle a la mine réjouie. Elle me prend même furtivement la main. Endolorie par les somnifères sans lesquels je ne peux plus dormir, je ne saisis pas d'emblée ce qu'elle s'apprête à me dire : « Vous sortez ce soir, Mariam ! Ce soir, vous êtes libre ! », me glisse-t-elle, tout excitée. La nouvelle me fait l'effet d'un électrochoc. Mes paupières se lèvent tout à fait. Mes yeux s'écarquillent comme des billes. Mes lèvres veulent sourire, mais mes dents se serrent et mes yeux s'embuent. Mon cri de joie s'étouffe à mi-chemin pour devenir un hoquet de sanglots. Je m'effondre dans ses bras. Anne-Marie est brave, mais ce n'est pas ma place d'être dans ses bras. Elle me repousse le moins brusquement possible, mais sans douceur.

Je reste inculpée, mais je peux sortir, m'explique mon avocat au téléphone. Et Koba ? Koba reste à Champ-Dollon. Qu'à cela ne tienne, il y aura au moins l'un d'entre nous pour s'occuper des petites. Et puis, une fois dehors, je pourrai lui rendre la vie de prisonnier plus douce en lui amenant des petits plats (si c'est accepté), en lui amenant des nouvelles fraîches de l'extérieur. Je serai son bol d'air frais, sa béquille, sa soupape.

Vers 18 h 30, on me mène à mon assistante sociale qui est venue me chercher. Ainsi donc, c'est comme cela que ça se passe. Je salue sobrement mes compagnes de cellules. Pas d'effusion. Je ne me suis liée avec personne en particulier. Je passe devant la nouvelle cellule de la Brésilienne. On l'a changée de place après que son petit manège de «yoyo» avec l'Albanais d'en dessous eut été découvert. Elle a un dernier mot affligeant: «Eh, la Géorgienne, tu vas crever dehors! J'te donne pas deux semaines!» J'arme mon regard le plus méprisant que je puisse faire et la toise de haut en bas. Je passe mon chemin, Anne-Marie devant, Renée derrière pour m'encadrer, et je garde la tête haute.

Mon assistante sociale m'attend. Elle me parle d'une histoire de papiers à signer, me rend attentive au fait que la procédure est loin d'être finie, qu'il ne s'agit là que d'un sursis... Je ne l'écoute qu'à moitié. Tout ce qui m'intéresse, c'est de rejoindre mes filles. J'ose même l'interrompre, tout en signant la série de formulaires qu'elle me tend sans même m'être donné la peine de les lire: «Vous allez m'emmener au foyer à Thônex pour récupérer mes petites?» Il y a un hic, m'explique-t-elle. A Thônex, mes filles peuvent rester mais les adultes ne peuvent y dormir et nous n'avons pas trouvé de place en foyer pour vous trois, ce soir. Par contre, j'ai une place en foyer pour vous, vers Balexert. Vous pourrez vous reposer cette nuit et rejoindre vos filles demain. D'ici là, on aura peut-être trouvé une place pour vous trois, dans le même endroit.

« Qu'est-ce que vous me racontez là?» Je n'en crois pas mes oreilles. Je suis libre dans quelques minutes mais toujours privée de mes filles. C'est une blague! Une farce! Un délire! «Vous plaisantez, j'espère?»

Je n'en démords pas: je préfère dormir sous les ponts avec mes deux filles sous les bras que de passer ma première nuit de liberté depuis cent trente-sept jours sans elles. Qu'on me conduise à leur foyer, et on verra bien!

Il est 20 heures quand nous atteignons le foyer de Thônex. Mes petites ont mangé et se sont brossé les dents. On ne les a pas averties. Elles sont en train de rejoindre leur chambre. Je passe la porte du foyer. Mon assistante sociale sur les talons, je négocie de ne pas attendre dans le hall d'entrée et d'aller surprendre mes petites dans leur chambre. On m'indique l'étage, le numéro de chambre.

J'essaie de courir en silence, pour ne pas perturber l'étage des plus petits, qui dorment déjà. Je galope à travers les étages, en retenant mon souffle, en retenant mes pas qui frappent les marches carrelées. Je cours, je vole. Mon assistante sociale est restée en bas. Je suis libre, je n'ai pas de chaperon qui m'entrave, je suis libre de récupérer mes enfants, libre de les embrasser sans les trente minutes inexorables de parloir, libre enfin!

Quand j'atteins leur chambre, je reste derrière la porte un instant, pour reprendre mon souffle. Je les entends. Sophie réclame à sa sœur de lui lire une histoire. Elle refuse, prétextant qu'il est déjà tard. Je perçois dans sa voix une usure qui ne correspond pas à son âge. Puis elles se souhaitent mutuellement «bonne nuit».

Je n'y tiens plus. J'ouvre la porte, qui me propulse dans la pénombre. Les petites tressaillent. Qui peut bien venir à cette heure? Ma main trouve l'interrupteur. Tandis que Sophie se rue dans mes bras, Nina se fige sur son lit superposé. C'est sa mère qui se tient là. Elle a perdu 23 kilos, mais c'est bien sa mère qui se tient en face d'elle, dans cette chambre de foyer dans laquelle elle est coincée depuis des mois, ayant la responsabilité bien malgré elle de sa petite sœur, de 8 ans sa cadette. Alors que j'étreins Sophie, je sens Nina glaciale. Elle m'en veut de n'être là «que maintenant».

Elle ne me pardonnera jamais de ne pas avoir été là pour ses premières menstruations, survenues quelques semaines plus tôt. C'est un homme qui a dû lui expliquer ce qui lui arrivait avant d'envoyer une encadrante qui lui indique comment faire. Les serviettes hygiéniques, les tampons, le cycle de 28 jours, se tenir prête pour ne pas être prise au dépourvu...

Nina ! Reviens-moi ! Je suis là à présent et chaque nuit que Dieu fera nous dormirons ensemble. Pardonne-moi, il n'y a rien que je pusse faire pour éviter cet écartèlement de 137 jours.

Libre mais seule

Un mois s'est écoulé depuis ma libération. Si ça ne tenait qu'à moi, je n'enverrais pas même Nina et Sophie à l'école. Je les blottirais contre moi toute la journée, pour rattraper le temps perdu. Mais il faut bien que les petites avancent, elles aussi. Il ne faut pas être égoïste, quand bien même j'en aurais bien besoin après cette période tourmentée.

Nous vivons au foyer des Coudriers, pas loin du centre commercial de Balexert. L'endroit n'est ni beau, ni vilain. Il y a un parc à deux pas, où je peux emmener Sophie s'amuser sur les toboggans et balançoires. A 400 mètres de là, c'est malfamé. Le quartier du stade avec les jeunes qui zonent, à éviter. Je mets la fin du périmètre de liberté pour Nina 200 mètres avant, pour être sûre. Impossible pour elle d'aller plus loin. Faute de quoi, elle s'expose à une punition, comme ne plus avoir le droit de regarder les dessins animés le matin. L'affaire est entendue.

Il y a quelques semaines, j'ai appelé ma mère. Je lui ai enfin tout raconté. Même si Koba est encore en prison, j'avais enfin trouvé les épaules pour lui conter notre « mésaventure » sans m'effondrer. J'ai minimisé, je suis allée au plus court, sans entrer dans les détails. Ni recel, ni armes. Seulement une erreur judiciaire qui m'a privée de mes petites durant des mois. Ma mère, c'est ma mère. Elle n'a pas besoin des détails pour me croire les yeux fermés. Je veux éviter la souffrance par ricochets. Nous avons déjà suffisamment souffert comme ça. Et souffrons encore (quand est-ce que Koba sera libéré ?). Elle ne pensait pas qu'en Suisse, il pouvait encore y avoir des erreurs judiciaires. Je lui ai rétorqué qu'aux Etats-Unis, avec les tests ADN, ils se rendaient compte parfois a posteriori que le condamné à mort n'était pas le coupable. Et c'étaient les Etats-Unis d'Amérique ! Alors, en Suisse, oui, ça avait beau être très développé, on pouvait encore se tromper. « L'erreur est humaine », parvenais-je à lui dire en puisant dans ma foi chrétienne.

Ma mère n'était pas au mieux de sa forme, il fallait la ménager. Elle faisait de l'hypertension et avait déjà fait un AVC. Elle n'avait connu que Nina, jusqu'à l'âge de 6-7 ans. Elle ne connaissait pas Sophie et j'aurais parié qu'elle ne la connaîtrait hélas jamais. De son côté, le voyage à entreprendre était bien trop long pour qu'il fût envisageable. Du nôtre, nous étions cantonnés à arpenter les 26 cantons, avec notre permis F d'admission provisoire. Nous n'avions pas même de passeports. Au moment de notre arrestation, je m'apprêtais à entamer les démarches de naturalisation pour mes filles au moins. A présent que le casier judiciaire sentait le roussi à plein nez, fût-ce de manière injustifiée, tout était au point mort. Et il en serait ainsi encore longtemps.

* * *

Le 2 novembre, nous fêtons toutes les trois les 13 ans de Nina. Koba est encore à Champ-Dollon. Je tente de recréer un foyer aussi chaleureux que possible. Nous n'avons plus rien. On ne nous a rien rendu de ce qui avait été chèrement acquis au 87 rue de Carouge. Ni rideaux, ni cuisinière. Dans la cuisine collective du foyer, j'ai préparé un gros gâteau, j'ai acheté des bougies d'anniversaire et gonflé des ballons. J'aurais aimé qu'elle invite quelques camarades de classe mais Nina est seule et isolée. Pourtant, ce ne sont pas ses origines visibles qui l'entravent: la petite parle avec un fort accent genevois et comprend le géorgien plus qu'elle ne le parle. Elle ne maîtrise pas l'alphabet ibéro-caucasien d'ailleurs. Je m'y suis pourtant tenue tant que je l'ai pu. Je le lui enseignais – la mission géorgienne ici ne fournissait plus de cours, il eût fallu aller à Berne! – jusqu'à ce que l'institutrice m'en dissuade, arguant que le «M» francophone ressemblait au «O» géorgien et que cela introduisait trop de confusions dans l'esprit de la fillette.

Et puis, il a fallu courir les rendez-vous et j'ai lâché prise. L'Office cantonal de la population. L'Hospice général. Les pédiatres. Les assistants sociaux. L'orthopédiste, les chirurgiens (Sophie est née avec 6 orteils au pied gauche, et deux de ses 5 orteils du pied droit étaient collés pied droit). Les files d'attente. Le centre de requérants. Les bons pour les achats à la Migros. Mes migraines. Le psychiatre.

Bref, nous sommes là, toutes les trois seulement à fêter les 13 ans de Nina. Je n'ai pas même osé appeler des connaissances de Géorgie. Je ne veux rien avoir à faire avec aucun d'entre eux. Ils m'ont trop porté préjudice. Je ne peux plus faire dans le détail. Je ne voulais pas devenir manichéenne comme tous ces abrutis de communistes. Je voulais être raffinée comme les Européens. Mais après ce qui m'est arrivé, je ne peux pas me risquer à faire dans la dentelle. Pour rien. Pour quiconque. Pour personne. Je garde mes filles pour moi seule et ne les expose à aucun risque.

C'est tête baissée et les yeux au sol que Nina traverse le foyer lorsqu'elle rentre de l'école. Comme moi, elle ne veut croiser le regard de personne. Ces hommes à l'œil cochon qui fument dans les couloirs en vous reluquant le derrière. Ces ados qui voudraient l'approcher pour lui faire goûter un joint. Le foyer est malfamé. Je refuse que mes filles fréquentent les enfants qui y sont. Je me rends bien compte de mon sectarisme et peut-être «qu'avant», avant l'erreur judiciaire, avant la prison, avant ces mois de vie impunément volés par l'Etat, je n'aurais pas imposé de telles interdictions. J'aurais laissé une chance à ces enfants échoués ici malgré eux, qui à la recherche d'une vie meilleure, qui sans solution temporaire de logement. Mais je ne veux plus me donner la peine de chercher à savoir. Je ne veux plus rien savoir. Rien. Je n'ai plus la force. Mes filles passent la porte de notre chambre et je nous enferme à double tour.

Même quand je sors faire quelques courses avec Sophie à la main et que Nina se refuse à sortir, restant enfermée dedans, je ferme à double tour. «Maman, et s'il y a un incendie?» m'avait opposé mon aînée la première fois. «Le foyer a un pass qui lui permet d'ouvrir toutes les portes, et je suppose que les mesures de sécurité les obligent à évacuer chaque chambre. Ne t'inquiète pas.» Je ne le lui disais pas mais en mon for intérieur, je l'enfermais pour lui éviter le viol. J'avais peur qu'elle soit violée par l'un de ces hommes qui traînaient la savate du matin au soir au foyer.

Un mercredi après-midi, je sors à la Migros dans le but d'acheter de la peinture pour Sophie. A 23 francs la boîte, je dois renoncer. D'autant que la mère d'une petite camarade de classe m'a dit qu'elle avait trouvé une boîte similaire en France voisine à un peu moins de 6 euros. Bien sûr, je ne peux pas aller en France voisine mais je tourne les talons du rayon en me disant que je trouverai bien quelqu'un qui va dans un supermarché français tôt ou tard pour «lui passer commande». Pour Sophie, c'est plus dur. Elle voulait peindre un dessin cette après-midi et pas plus tard. «C'est pour papa ! », hurle-t-elle à la sortie du magasin. A l'intérieur, je suis émiettée. Mais de façade, je tiens bon. Je lui mets une mèche de cheveux derrière son oreille : « Sophie, sois raisonnable. Avec l'argent qu'on aurait mis dans cette boîte de peinture, on va pouvoir acheter des pots en verre. Toi et moi, on va concocter les yaourts préférés de papa qu'on mettra dans ces pots et qu'on lui enverra en prison. Ok ? » A l'idée qu'elle va malgré tout fabriquer quelque chose de ses mains pour son père, la petite se calme.

Nous remontons gentiment la petite côte qui sépare notre foyer du centre commercial. Je tiens fermement la main de Sophie mais je suis fissurée à l'intérieur. Je n'ai qu'une envie : passer la porte de notre chambre et me laisser tomber sur une chaise en ne faisant plus rien jusqu'à ce soir. Nous y voici. Sophie connaît les consignes, malgré son jeune âge : n'adresser la parole à personne, traverser le couloir tête basse, aller directement dans notre chambre. En ce mercredi après-midi où les enfants ne sont pas à l'école, quelques-uns d'entre eux jouent au ballon dans la cour. N'importe quel enfant aurait spontanément envie de les rejoindre. Pas Sophie. Est-ce parce que je la bride ? Est-ce parce que l'effroi qui l'habite depuis notre arrestation la paralyse ? Est-ce tout simplement pour me faire plaisir et me montrer qu'elle m'écoute ? Toujours est-il que nous traversons le long corridor à grands pas, sans même se retourner sur ce jeu de ballon. L'odeur du tabac froid. Les hommes appuyés sur les murs. Notre porte, enfin. La clé dans la serrure. Un silence inhabituel règne à l'intérieur. Personne dans la première chambre. Un sentiment instinctif me propulse à la porte de la deuxième chambre qui est en enfilade.

Mon Dieu, Nina ! Nina est allongée sur le lit, les poignets en sang, les yeux clos. Je crois que je hurle. Rien ne peut arrêter mon cri. Je suis là, tétanisée sur le seuil de la porte, mon cri qui s'envole, avec pour seul réflexe d'empêcher Sophie de rentrer dans la chambre, d'empêcher Sophie de voir, ma main s'est spontanément décalée de la sienne, que je lui tenais, à ses yeux, pour lui obstruer la vue. Je suis là, à hurler, debout sur le seuil de la porte, mon corps faisant barrage à la petite. Il ne faut pas qu'elle passe. Il ne faut pas qu'elle voie sa sœur comme ça. Mais c'est un corps d'adulte qui me bouscule maintenant pour passer. Deux adultes. Bientôt trois. Un téléphone. Des ordres fermes. La sirène. L'ambulance. La civière. On m'a exclue. On m'a mise sur le côté. On me tient à part. Ma tête bourdonne. Je ne sais pas si c'est mon cri qui retentit encore. Les injonctions des hommes. La civière qui repasse dans l'autre sens, avec Nina dessus. Je veux la suivre mais mes pieds se dérobent et le temps que j'envisage d'atteindre la porte, l'ambulance est partie. Une main qui sort d'une blouse se pose sur mon épaule. «Ça va aller, Madame. Votre fille est seulement inconsciente mais elle va reprendre pied. Ne vous en faites pas.» La voix masculine se veut rassurante. Devant mon silence, la même main se saisit d'une petite lampe de poche dans un repli de sa blouse. L'autre main m'écarquille l'œil. On veut m'examiner pendant qu'un responsable du foyer vient embarquer Sophie. Noooon! On ne m'enlèvera pas Sophie. Je bondis. J'entends la blouse: « Choc traumatique». J'ai soulevé Sophie du sol. Je la serre de toutes mes forces. On ne peut pas me l'enlever. Je perçois à peine le geste de la blouse, sans doute un signe pour dissuader le responsable du foyer d'insister. «Cette femme est-elle sous traitement?» demande la blouse, estimant sans doute que je ne suis pas capable de répondre à la question puisqu'il ne s'adresse pas directement à moi. C'est mon assistante sociale, arrivée dans l'intervalle, qui décline mes différents traitements, dont l'antidépresseur qui me permet de tenir debout depuis ce fameux jour de mai. La blouse s'est saisie d'une ordonnance et d'un stylo. Elle tend la prescription à l'assistante sociale et me met deux comprimés dans la paume. Un verre d'eau arrive à ma gauche. Je ne bouge pas. Mon regard interroge. Quelle infantilisation ! Ils croient donc que je vais gober les premiers médicaments venus sans l'ombre d'une explication ! Nina ! Où m'a-t-on emmené Nina ? Ma mâchoire est crispée, mes dents serrées mais mon cri sort quand même. J'ai juste le temps de voir la blouse armer une seringue. Je m'endors.

Une période de ma vie que je n'aurais jamais voulu connaître s'amorce alors. Il y avait un « avant la prison » et « après la prison ». Il y aura un « avant la tentative de suicide de Nina » et un « après ». Je suis dans la ouate. Le sol qui s'est dérobé sous mes pieds en voyant ma fille aînée dans cet état a ouvert un gouffre moral abyssal. Je m'étais un peu remplumée depuis ma libération. Je me remets à dépérir très vite. Je fume du matin au soir et du soir au matin. Je ne dors pas. Je m'allonge parce qu'il fait nuit. Ma sciatique a décuplé. Mes migraines invalidantes sont une deuxième peau. Je suis terrassée. Je ne peux pas croire que ma fille ait délibérément attenté à ses jours. Je m'en veux éperdument. C'est un acte irrémédiable, irréparable. Je suis inconsolable. Où ai-je donc fauté ? Il est vrai que notre famille n'a pas été épargnée. Mais en dépit des circonstances, en dépit de l'injustice, des conditions de vie presque misérables, du dénigrement de l'Etat à notre égard, je pensais avoir transmis suffisamment d'amour à mes filles pour qu'elles soient emplies d'une inébranlable confiance en elles et en l'avenir. Que n'ai-je donc pas fait. Je leur ai transmis la culture chrétienne orthodoxe. Nous allons ensemble à l'église. Nous prions chaque soir ensemble pour Koba. J'aurais juré que la foi de Nina était suffisamment forte pour que cet acte-là soit inenvisageable. J'ai raté quelque chose d'essentiel et un ressort a sauté.

Heureusement, Sophie a l'école pour la porter. Durant les quelques jours d'hospitalisation de Nina, je suis absolument incapable de la prendre en charge. Je n'oublie pas de faire à manger. Je ne sais plus si je dois empoigner l'huile ou la poêle d'abord. Je ne sais pas si je dois couper ou laver le poivron en premier. C'est l'assistante sociale qui me tire de ce mauvais pas. Elle me suggère d'acheter des plats surgelés. Je n'y ai jamais recouru. J'ai toujours pris le temps de mijoter de bons petits plats toute seule, équilibrant les viandes et les plats saucés, variant les légumes et les féculents. Mais je suis si désemparée que la perspective d'avoir un sachet à découper et à jeter dans une poêle, où je mettrai ou non de l'huile que ça marcherait quand même, me soulage. C'est même elle-même qui se propose d'aller m'en acheter quelques sacs. Au retour de l'école de Sophie, avec mes kilos de surgelés dans le congélateur collectif, je me sens plus armée, capable de faire face.

* * *

Dix-sept jours plus tard, c'est l'anniversaire de Koba. Il a 35 ans aujourd'hui. Je ne peux pas même lui rendre visite en prison. Ils ne m'autorisent aucun droit de visite. Toujours le fameux risque de collusion (« avec deux L », m'avait précisé l'avocat lorsque je lui avais fait répéter le mot pour la première fois). Je parviens à lui transmettre toutefois des petites attentions par l'intermédiaire de sa sœur, qui y est admise. Des slips, des cigarettes, des dessins des filles, les yaourts concoctés avec Sophie et « les prières des mères » que j'ai recopiées sur un cahier. Il a quand même un peu de nous avec lui.

Je ne comprends pas bien où en est la procédure. J'ose à peine consulter mon avocat au téléphone, qui est de toute manière toujours très occupé. Celui de Koba se montre un peu plus disponible mais il me parle souvent dans un charabia que je peine à comprendre. Du peu que j'ai compris, ils disent que 300 bijoux ont été saisis (je n'ai pas même pu récupérer ma bague de fiançailles) entre notre appartement et le grenier (dont Koba avait cédé la clé). J'ai précisé à l'avocat de Koba, Me Meier, qu'il s'agissait probablement en grande partie des bijoux que les petites étaient ravies que je leur achète à trois francs six sous au magasin des adolescentes, Claire's. Il m'a expliqué qu'une paire de boucle d'oreilles était comptabilisée comme deux bijoux, et qu'il demanderait que tous les bijoux saisis chez nous soient analysés[13].

Je n'ai plus aucun bijou dans les armoires de toilette et je n'ai jamais remis les pieds chez Claire's. De toute façon, je ne saurai pas où les ranger. Ici, c'est meublé. Spartiate mais équipé. Nous n'avons que deux chambres mais une seule nous suffit. Depuis ma sortie de prison le 18 septembre, il n'y a que trois nuits où je n'ai pas dormi enlacée avec mes deux petites : les trois nuits que Nina a passées à l'hôpital.

Ils ont parlé de suivi psychiatrique, de foyers pour mineurs, de l'association « Stop suicide ». J'apprends à cette occasion que la Suisse, pourtant prospère, connaît un des taux de suicide chez les 15-29 ans les plus importants au monde et que c'est là la deuxième cause de mortalité chez les jeunes. Une information qui m'estomaque au même point que l'existence possible d'erreurs judiciaires au pays de l'ONU et au pays dont la démocratie directe est vantée partout dans le monde. Quand le corps hospitalier m'a parlé de foyer pour mineur, je lui ai ri au nez. Nina avait son regard de chien battu. Elle était rétablie, pleinement

13 En réalité, les bijoux saisis au domicile de Mariam et Koba ne seront jamais analysés.

consciente, mais le magma qui bouillonnait dans son corps d'adolescente n'avait pas encore départagé le vrai du faux et n'avait pas pris la mesure de la gravité de son acte. J'ai relevé la tête, pris ma fille par la main comme si elle avait 8 ans – c'était hier malgré tout – et je m'en suis allée. Qu'ils aillent au diable avec leur foyer pour mineurs.

L'hiver s'est installé à présent. Je suis allée chez Caritas pour trouver des manteaux pour les petites. Celui de Nina me va. J'ai maigri à faire peur. Heureusement que ma mère ne peut pas me voir. Mon frère, qui est installé en Ukraine, voulait qu'on se voie par Skype. J'ai refusé, prétextant qu'avec tous les ennuis que j'avais eus, je ne voulais plus qu'on puisse retracer d'éventuelles communications «avec l'Est».

D'ailleurs, le jour où Guia me demande ça au téléphone, je suis à la Migros en train de faire mes courses. Je m'entretiens donc en géorgien avec lui. Après que j'eus raccroché, un homme, qui était dans les rayons du supermarché, m'interpelle en géorgien: «Bonjour Madame! Vous venez d'où en Géorgie? Je suis originaire de Batoumi[14]!» Il s'approchait de moi, la mine réjouie de rencontrer une compatriote. Je me fige. Je ne réponds rien. Je recule d'un pas. Il insiste «Je viens de vous entendre parler au téléphone. Vous n'êtes pas originaire de la campagne, n'est-ce pas? Vous venez d'une grande ville? Je l'entends à l'élégance de votre diction. Allez, dites-moi: Tblissi, Koutaïssi?». Je suis blême. Un Géorgien, source d'ennuis exponentiels. Je tourne les talons, abandonne mon panier de courses avant même la caisse et m'enfuis du magasin. Cet homme a dû me prendre pour folle. S'il savait!

* * *

14 Batoumi est une ville côtière de la mer Noire tout au sud-ouest de la Géorgie.

Nina a décroché. Après sa tentative de suicide, elle a arrêté l'école. Il valait mieux. C'est une histoire de blog qui l'a poussée à l'acte. Une peste qui a rédigé, en son nom, des menaces de mort sur plusieurs écoliers : « Je prendrai un couteau, comme mes parents me l'ont appris en Géorgie, et je vous planterai dans la cour de récréation, toi Philippe, toi Nicolas et toi aussi, Nadine ! Vos jours sont comptés ! Amusez-vous bien d'ici là ! » avait-elle relaté sur son blog, suivi par une bonne partie de l'école. Nina, déjà traitée comme une pestiférée dans les couloirs de l'école, elle dont on sait que les parents, des vauriens de Géorgiens, « ont fait de la prison », n'a pas pu en supporter davantage. Pourtant, j'avais tenté d'alerter le directeur de l'école sur ce qu'on appelle désormais « le harcèlement » dont Nina était victime. Il m'avait renvoyée dans mes cordes, en me disant qu'il ne pouvait rien faire, sauf à ce que je porte plainte auprès de la police. Après l'hospitalisation, je n'avais plus eu le courage de retourner le voir pour lui renvoyer son incompétence et son immobilisme abject à la figure. Nina ne voulait plus y retourner. Remerciant Dieu de me l'avoir rendue en vie, je ne l'avais pas forcée. Notre assistante sociale planchait désormais pour la faire rebondir dans une école plus proche de notre quartier.

* * *

Koba est libéré le 22 décembre 2009, après deux cent trente-cinq jours d'emprisonnement. Je ne peux pas l'attendre devant la prison. Comment retourner là-bas où j'espère avoir enfermé mes souffrances ?

J'ai préparé la table. Il ne reste qu'une dizaine de jours avant Noël[15]. Je me réjouis qu'on puisse tous être ensemble pour Noël. J'ai refusé que Sophie et Nina se mettent en pyjama comme à leur habitude avant de passer à table. Après le bain, je les ai rhabillées, coiffées et chaussées pour qu'elles soient belles pour leur père. Quant à moi, j'ai fait quelques efforts de toilette mais sans plus. En fait, je suis chamboulée à l'intérieur. Je trépigne d'impatience de serrer Koba dans mes bras et en même temps, mon cœur lui en veut d'avoir cédé à ces vauriens de Géorgiens et de nous avoir mis dans un tel pétrin. Je ne sais pas si je parviendrai à m'abandonner à lui tout à l'heure dans le noir.

Mais l'heure n'est pas aux remontrances. Elle est aux réjouissances. Koba, rasé de frais, vient de passer le pas de la porte. La petite lui a immédiatement sauté dans les bras. Nina se tient en retrait, et l'observe en chien de fusil du fond du couloir. Mais il n'attend pas d'avoir fini son câlin à Sophie pour arriver auprès de Nina, avec la petite dans les bras. Je lis l'indécision dans les yeux de Nina. Il ne la laisse pas réfléchir et se contente de l'enlacer tendrement, en posant ses lèvres sur son front. La petite se laisse faire et camoufle bientôt sa tête dans le pull de son père avant de s'effondrer en larmes.

Demain, personne ne sortira de la maison. Ni école, ni courses d'aucune sorte. Nous resterons tous les quatre blottis au chaud, à l'exception de la promenade de Koba qui, seul, errera deux heures dans le froid glacial, appréciant que la bise lui balaie le visage. Pour réconcilier mes filles avec leur père, je profite de son absence pour leur raconter l'affaire

---

[15] Mariam et sa famille sont chrétiens orthodoxes. Le Noël orthodoxe se fête le 7 janvier dans le calendrier grégorien, qui est en fait le 25 décembre selon le calendrier julien.

Dreyfus. C'est une erreur judiciaire emblématique. Elle est au programme d'histoire de Nina cette année. Vous voyez, les filles, les erreurs judiciaires, ça existe. Votre papa n'a rien fait. Soyez sûres qu'il vous aime trop pour avoir jamais fait quoi que ce soit qui puisse mettre en danger notre vie commune. Le soir, au repas, j'ai l'impression que Nina s'est adoucie à l'égard de son père.

Enfermés dehors

2010

L'année 2010 commence et je me réjouis qu'avec elle, une page se tourne. Avec Koba, nous espérons trouver du travail. Nous sommes prêts à tout faire. Je passe mes journées à écumer les petites annonces et à en poster moi-même dans les supermarchés «Femme sérieuse 34 ans cherche tout type de travail. Dame de compagnie pour personnes âgées, garde d'enfants, couture, ménage. Excellent français. Russe et allemand courant». De son côté, Koba est retourné guigner du côté des contre-prestations: menus travaux de jardinage, nettoyage des vitres, travaux de peinture, petites réparations de voitures. Mais cela ne donne rien. Notre permis F nous cantonne à dépendre de l'aide sociale, et nous traînons notre casier judiciaire (toujours pas vierge puisque nous sommes toujours en attente d'être jugés) comme un boulet. Nous ne pouvons ni entamer la procédure de naturalisation pour nos filles, ni même leur demander un passeport d'apatride comme nous en avions l'intention au départ. Nous ne pouvons pas avoir de voiture car nous n'avons pas le droit d'acquérir quoi que ce soit qui ait un peu de valeur. Et d'ailleurs, ni nous le pouvons, ni nous le voulons. Quand je pense que parmi les valeurs relevées chez nous, il y avait deux ordinateurs dont j'ai pu fournir les factures et que cela n'a pas même été pris en compte par la justice !

La semaine est rythmée par la messe le dimanche. Un prêtre géorgien vient de temps à autre de Bruxelles. Sinon, nous allons à la messe, fût-elle en grec, à Chambésy ou à celle en russe, en vieille-ville[16]. Je prie mais rien n'avance.

Comme nous avons du temps libre – c'est notre seul bien précieux, en fait – nous nous tournons de nouveau vers les unités d'action communautaire de la Ville de Genève pour proposer notre aide bénévole, comme avant notre arrestation. Koba se remet à véhiculer des personnes âgées chez leurs médecins ou leur famille et moi, je leur tiens compagnie une fois par semaine, à l'occasion d'un repas au restaurant. Mon Dieu que ces aînés sont seuls ! La société occidentale a abandonné ses vieillards. Je me sens utile auprès d'eux. Cela leur fait chaud au cœur d'avoir un peu de jeunesse à leurs côtés. Les hommes sont ragaillardis par la présence d'une jeune femme comme moi. Les femmes, elles, me parlent volontiers des projets de leurs petits-enfants qui sont bien trop occupés – « les pauvres, il faut les comprendre, avec la vie qu'on leur fait mener de nos jours ! » – pour venir les voir dans leur EMS.

A vrai dire, moi, je ne comprends pas bien. Mais je ne dis rien et je fais mine de m'intéresser à la vie d'égoïste que ces petits champions mènent : au dernier séjour à Bali, d'où il a quand même envoyé une carte postale à sa mamie – « Paysage superbe, pensées, gros bisous » – à ses cours d'autodéfense où son prof jure qu'il est le meilleur – « Il faudrait qu'il m'apprenne. Ça se fait bien maintenant des cours

---

[16] Le canton de Genève compte deux églises orthodoxes : l'église russe en vieille-ville et le centre patriarcal orthodoxe roumain de Chambésy, au nord du canton.

d'autodéfense pour les seniors, en cas d'agression» – et à ses études qu'il bâcle un peu mais «vous comprenez, c'est très dur ce qu'on leur demande».

A bien y réfléchir, moi non plus, je n'appelle plus personne en Géorgie. Ni tantes, ni oncles, ni cousines. Seulement pour Noël et pour les naissances (s'il devait y en avoir une autre… je suis enceinte!). Mais ce n'est pas pour les mêmes raisons. Je suis tétanisée à l'idée de composer l'indicatif de la Géorgie, 00495. Cent cinquante-neuf de nos conversations et SMS nous liant avec des co-accusés ont été retracés. Quand j'ai vu le schéma qui nous reliait à ces criminels, avec une série de flèches de partout, et les photos de tout le monde, j'ai pris conscience que Koba était tout en bas à droite avec une seule flèche qui le reliait à la première personne, laquelle était à son tour reliée à plusieurs autres. Moi, j'étais en-dessous de Koba, sans flèche aucune, complètement disjointe. Juste la femme de Koba, lequel avait reçu des coups de fil de personnes douteuses. Mais j'étais dans la constellation quand même.

La plupart du «gang des Géorgiens» sont jugés dans le courant de l'année 2010. Sur les 45 arrestations à Genève, 21 personnes ont été déférées et 8 sont déjà jugées. Il est désormais démontré que l'organisation criminelle Vor V Zakone existe sur territoire suisse. Je comprendrai plus tard que Koba a été libéré lorsque la justice a acquis la conviction qu'il ne faisait pas partie de cette organisation. Je ne sais pas ce qu'il se passe avec notre dossier, mais rien ne bouge. Nous n'avons ni appel des avocats, ni une quelconque convocation dans notre boîte aux lettres. C'est le point mort. Je n'ose pas relancer, je me sens déjà heureuse d'être dehors, mais sans jugement, nous ne pouvons rien entreprendre. Ni papiers, ni travail. Comme l'a résumé plus tard l'avocat de Koba en parlant de notre couple, Me Meier, «ça les a conduits à l'hospice».

Le fœtus qui grandit dans mon ventre me permet de faire fi de cet embourbement. Nina et Sophie auront-elles un petit frère ou une petite sœur ? Je les mettrai toutes les deux dans la même chambre et réserverai une autre au nouveau-né. Il faudra acheter un peu de matériel de puériculture pour l'accueillir, cela va coûter de l'argent. Mais il y a le magasin « Baby-Occas' » à Plainpalais, les petites annonces sur internet, et les vide-greniers. On finira bien par se débrouiller.

A six semaines de grossesse, je réalise mon premier contrôle gynécologique. Le médecin n'est pas très rassuré car il n'entend pas le cœur battre. Mais il me dit que l'œuf est là, au bon endroit, intra-utérin, et qu'il va suivre l'évolution de près. Il me glisse toutefois quelques phrases pour me préparer au pire. J'y retourne deux semaines plus tard. Le verdict est sans appel : « C'est un œuf clair, Madame. C'est-à-dire qu'il est impossible qu'un cerveau s'y développe. » Il me parle d'emblée d'avortement. Je refuse catégoriquement. C'est mon enfant, quand bien même ce sera forcément un légume, j'ai bien compris. Je suis profondément chrétienne moi, Docteur. C'est inenvisageable ! Il me raisonne. Pour lui, il n'y a pas d'autres options. Je serais traumatisée si je devais accoucher d'un... Il cherche ses mots. D'un... vous comprenez Madame, ce ne sera qu'un... lambeau de tissus. Je suis livide. Je repars de son cabinet avec les deux comprimés qu'il m'a glissés dans la poche.

* * *

Le foyer des Coudriers est pesant. Je n'en peux plus des douches collectives. Tout est sale. Et que dire des WC ! Depuis que Koba est de nouveau avec nous, j'insiste auprès de l'assistante sociale pour avoir une chambre qui ait ses propres WC. Certaines des chambres du foyer en sont équipées. Elle me promet sans cesse de faire le nécessaire mais rien ne bouge.

Certains hommes se glissent régulièrement dans les douches collectives des femmes. Un jour, Koba interpelle l'un d'entre eux: « Eh toi, lui lance-t-il fermement, où vas-tu?». «Du côté des femmes, c'est plus propre», se défend le pauvre diable. «Moi aussi j'aimerais bien me laver ailleurs que chez les porcs, rétorque Koba, mais se doucher chez les femmes, ça ne se fait pas! Demi-tour, mon ami!» L'homme s'exécute.

Mais quelques semaines plus tard, alors que je suis dans une des dix cabines des douches collectives, que mes cheveux sont pleins de shampoing, et que je crois être seule pour n'avoir entendu aucun bruit ni aperçu quiconque en entrant, je perçois une présence, entre deux coupures d'eau. Je me fige. Deux mains d'homme passées depuis la cabine qui jouxte la mienne sont à mes pieds, au sol. Un regard. Mon Dieu! Un homme est là qui me reluque en ayant passé sa tête sous la cabine d'à côté. Je panique. J'ai le souffle coupé. Premier réflexe: je me cache tant bien que mal avec mes mains. Deuxième réflexe: je lui balance un coup de pied au visage. Troisième action: je me saisis de mon peignoir et sors de la douche telle quelle, toute savonnée. Je referme à clé la salle de bains collective derrière moi pour être sûre de tenir le coupable. Alors que je cours à la réception dénoncer la situation, Koba m'aperçoit dans le couloir. «Il n'y a rien», lui assuré-je. «Rentre tranquille». Mon mari a les yeux exorbités: « Comment, il n'y a rien! Tu sors toute savonnée de la douche en courant et il n'y a rien! Qu'est-ce que tu me racontes?» s'inquiète-t-il, s'engouffrant en direction des douches avant que je n'aie eu le temps de répondre. Alors que j'ai à peine atteint la réception et commencé à raconter le début de mon histoire au permanencier, j'entends des coups qui résonnent à l'autre bout du couloir, du côté des douches. Koba a attrapé le voyeur et a pris à cœur de lui apprendre la leçon, lui qui a osé violer l'intimité de sa femme ! La réceptionniste s'est déjà saisie du combiné pour appeler la sécurité.

L'homme n'a pas demandé son reste. Bien qu'amoché, il a pris ses jambes à son cou. Il faut que Koba se tienne à carreau, nous explique-t-on. Sinon, c'est lui qui finira par être embarqué. Quant au malotru, ils ne peuvent rien faire, nous assurent les responsables du foyer. J'ai du mal à en croire mes oreilles. Comme si nous n'en avions pas assez comme ça !

Je croyais l'incident clos. Mais ce pervers reviendra nous narguer régulièrement. On nous a dit qu'il venait de France. Par je ne sais quel malheureux hasard, il sait que nous sommes Géorgiens. A chacune de ses infiltrations inopinées au Foyer des Coudriers, il nous insulte et nous assure que nous, « les vauriens de Géorgiens, allons bien voir ce que nous allons voir ! ». Un élément supplémentaire qui m'oblige d'autant plus à me tenir sur le qui-vive.

La situation est toujours au point mort. Le nouveau code de procédure pénale est entré en vigueur. Nous sommes acculés à vivre de l'aide sociale. J'ai honte. Je veux être de plain-pied dans la société suisse. Je ne veux pas qu'on me regarde comme une sangsue, ni moi, ni mon mari, ni mes filles. Je suis venue pour leur construire un avenir meilleur, pas pour vivre aux crochets de la société. Je suis diplômée. Je sais que je pourrais être utile en tant qu'interprète dans les services du Ministère public. Mais avec mon casier judiciaire toujours en bandoulière, c'est inenvisageable. Quel gâchis ! Vivement que nous soyons officiellement blanchis !

J'arpente nos deux pièces coincées en bout de couloir et je rumine. Comment sortir de cette impasse ? Cette situation, à quatre dans ce logement quasi insalubre, avec une cuisine collective où les Somaliens et les Erythréens notamment, mijotent des plats envahissants d'un point de vue de l'odeur mais aussi de la quantité de vaisselle qu'ils mobilisent, n'est pas adéquate pour une famille. D'autant que nous avons besoin de nous reconstruire ensemble. Nina a repris le chemin de l'école. Elle est désormais au cycle de Sécheron. C'est beaucoup moins loin que le quartier des Aubépines. Elle y retrouve des camarades de l'école primaire d'Hugo-de-Senger, quand nous étions logés rue de Carouge. Des copains «vierges» pour ainsi dire, qui n'ont pas su ce qu'il était advenu durant cette parenthèse, si ce n'est que Nina avait été changée d'école du jour au lendemain. Un nouveau terrain neuf pour bâtir une nouvelle vie de jeune fille. Nina a développé une méfiance devenue naturelle, mais elle s'y rend malgré tout avec l'enthousiasme du nouveau départ.

Notre assistante sociale, une femme dévouée et empathique, se démène pour nous sortir du foyer. Quant à moi, je ne peux plus supporter d'arpenter les couloirs du foyer, de rester en embuscade derrière les portes de la buanderie en attendant qu'une machine se libère, de voir Koba condamné à être inactif. Je retourne à la réception du Centre Rothschild. La directrice, qui était venue me voir en prison avec des fleurs et avait fait envoyer des chocolats à mes enfants, m'accueille les bras ouverts. «Mariam, si vous vous sentez prête, vous pouvez reprendre dès demain matin. Actuellement, nous sommes au complet, mais je vais m'arranger pour vous glisser à la réception entre deux contrats.» «Enfin, si vous vous en sentez le courage», ajoute-t-elle timidement, presque à voix basse, craignant que la perspective de travailler de nouveau, après tout ce qui m'était arrivé, puisse me brusquer.

Mais au contraire, me jeter corps et âme dans une activité, m'employer de nouveau à être utile, sentir que je pouvais aider ailleurs que dans la famille que j'avais fondée, me réjouissait. Me sentir utile. Me sentir vivante. C'est ainsi qu'une dizaine de mois après ma libération, je reprenais le chemin du centre qui appartenait à ma vie d'avant.

Au printemps, Koba avait retrouvé quelques prestations également, qui lui permettait, à lui aussi, de se sentir vivant. Nina semblait avoir trouvé sa place au sein de son école. Elle avait même voulu inviter une copine un mercredi après-midi avant de se raviser. Elle ne voulait pas que sa camarade de classe voie où elle habitait. Voyant son dépit, qui n'avait d'égal que le mien, je l'avais autorisée pour la première fois à passer quelques heures seule avec son amie dans les allées du centre commercial de Balexert. J'avais même pu lui glisser dix francs dans la poche. Pas assez pour aller au cinéma.

Cette après-midi-là, je me rendais chez mon assistante sociale, en traînant Sophie à la main. Ce rendez-vous me permettrait de tromper mon angoisse. J'avais fait mille recommandations à Nina et je ne l'avais pas laissée sortir en jupe. Mais Dieu seul savait ce qui pouvait arriver.

Mme Meier m'apprit la bonne nouvelle: « Mariam, je vous ai trouvé un logement! Vous allez pouvoir sortir du Foyer des Coudriers! » J'étais assise en face d'elle, Sophie était à mes côtés et je l'avais installée pour qu'elle puisse dessiner sur le bureau. J'étais si contente que j'ai réprimé mon mouvement envers Mme Meier. J'allais lui sauter au cou! Oui, « un logement, rien que pour vous », m'assurait-elle. « Il n'est pas très bien distribué mais compte deux chambres », avait-elle poursuivi. Quand pourrions-nous y entrer? Après l'été, avait-elle répondu.

L'été s'était étiré en longueur, dans la puanteur des douches collectives et de celle des poulets rôtis que certaines communautés préféraient ne jamais ranger au frigo. Ça biaise leur goût, paraît-il.

Nina n'avait pas pu participer à la sortie de fin d'année scolaire. Sa classe s'était rendue à Milan. Le Dôme. La Scala. La galerie Emmanuele II. Le tout à quelques heures de car de Genève. Ses camarades étaient revenus enchantés. Le voyage scolaire les avait occupés presque trois semaines: une semaine pour apprivoiser la culture avant le départ, la semaine sur place et la semaine de «débriefing» au retour avec une répartition des exposés et des photos devant les autres classes de l'école. A bien y réfléchir, le permis F n'avait pas seulement empêché Nina de participer au voyage de classe. Il lui avait volé toute sa fin d'année. Empêchée de traverser les frontières, Nina avait tourné en rond une semaine «à la maison». J'avais essayé de l'occuper, en lui apprenant notamment à faire du *khatchapouri*. Mais cette après-midi-là s'était terminée en esclandre. A bout, Nina m'avait envoyé le plat à travers la figure en insultant notre culture «Et puis, merde maman, avec ta culture de merde, tu m'emmerdes! Pourquoi on bouffe pas une fondue comme tout le monde ici?»

L'été avait fini par s'évanouir. Mme Meier n'avait pas réussi à organiser notre emménagement pour la rentrée. Il faudrait que les filles commencent l'école dans un établissement qu'elle savait pertinemment être temporaire. Il y avait meilleurs auspices pour la motivation. Le moral de Nina semblait être au plus bas. Je craignais qu'elle ne retente le pire.

2012

Les décorations de fin d'année égaient encore Genève. Il y en a qui m'ont particulièrement touchée. Comme cet homme fait uniquement de lumignons qui, allongé, survole nos têtes au pied de l'île Rousseau.

J'ai toujours aimé ce lopin de terre lové au cœur du pont principal de la ville, le pont du Mont-Blanc. Il a fière allure face au jet d'eau tandis qu'à ses pieds, le lac Léman et le Rhône s'enlacent. Sans compter que j'ai une admiration sans borne pour l'écrivain et le philosophe. J'espérais avoir sa force de conviction : parti de rien, errant durant des décennies, Rousseau était devenu un grand homme qui avait illuminé par-delà le monde. Lui qui avait soif de justice, qui eût voulu que le peuple choisît, il serait aujourd'hui révolté de l'injustice qui nous frappait.

Nous avions enfin pu quitter le foyer des Coudriers, quelques mois auparavant. Un peu plus d'un an après ma libération. J'étais extrêmement reconnaissante envers Mme Meier, qui nous avait sortis de ce pétrin. Je me réjouissais à l'idée de reconstruire notre foyer dans un vrai « chez-nous ».

J'avais un peu déchanté depuis. Nous avions hérité d'un appartement au deuxième étage composé de deux studios à l'origine. Il fallait traverser les deux chambres, en enfilade, pour accéder aux WC et à la salle de bains. « Pas très bien distribué », m'avait alertée l'assistante sociale six mois avant que nous ne prenions possession des lieux. C'était un euphémisme. Les pièces étaient imbriquées les unes dans les autres et les WC n'avaient pas d'aération. L'ascenseur était accessible après avoir gravi neuf marches. Les couloirs s'étiraient en longueur. Et les locataires avaient l'habitude de s'interpeller d'un appartement à l'autre à toute heure du jour et de la nuit. L'ascenseur puait l'urine à plein nez, au point que je renonçais régulièrement à le prendre, malgré ma sciatique qui me faisait un mal de chien à chaque marche. La plupart des locataires étaient des requérants d'asile. Certains étaient paumés, d'autres drogués.

L'appartement qui jouxtait le nôtre était occupé par un couple et deux enfants, dont un qui était encore allaité. La dame était d'origine somalienne, le monsieur devait être originaire du Maghreb. A en croire son teint buriné, j'aurais parié pour la Tunisie. Ce qui se passait là-dedans dépassait l'entendement. La dame hurlait du soir au matin, sous les coups que semblait lui donner son mari à longueur de temps. Un vendredi à minuit, j'ai fini par appeler la police. Pas fins, les policiers étaient passés chez nous avant et après leur visite de l'appartement où avait lieu le tapage. Depuis ce jour-là, j'étais effarée à l'idée de sortir de chez moi, craignant que l'homme arabe ne s'en prenne à moi pour venger ce qu'il devait considérer comme une dénonciation.

Au point où j'en étais, j'accueillis sa femme en pleurs et pleine d'hématomes à plusieurs reprises lors de crises aiguës. Pauvre femme. Elle ne devait pas même avoir 35 ans. Elle n'avait probablement eu aucune hygiène dentaire et était édentée. Les autorités lui avaient donné un permis N et elle était en attente qu'elles acceptent ou non son statut de requérante d'asile. Quant à l'homme qui estimait avoir droit de vie et de mort sur elle alors qu'ils n'étaient pas même mariés, il avait choisi, à défaut, la clandestinité. La Tunisie ne faisait pas partie des pays considérés comme « à risque », même si le printemps arabe était passé par là. Leur union était donc bien fragile. Amina était suspendue à la décision des autorités et sa vie pouvait voler en éclats à tout moment. En mon for intérieur, je pensais que si Jamal était expulsé, la vie d'Amina n'en serait que meilleure.

Cette atmosphère n'était pas saine. Je pestais d'élever mes enfants dans un tel contexte. Parfois, j'en venais à repenser à notre appartement de jeunes mariés à Tblissi. Un appartement que nous avions acquis. Un chez-nous qui était le nôtre. Si nous avions su tout ce qui nous attendait à Genève, aurions-nous fait le même choix ? Certainement pas. Quand ces pensées m'envahissaient, je tâchais de les chasser. La mafia nous aurait de toute façon ou assassinés ou mis à sa merci. Tu parles d'une vie ! Oui, mais ici. Tu parles d'une vie aussi ! Nous sommes en 2012, nous sommes arrivés à Genève il y a huit ans, j'ai été libérée il y a deux ans et demi, et je suis toujours en attente de jugement donc condamnée à vivoter sans travail ni permis.

L'hospice nous paie notre logement (1970.-), nos assurances maladie (1400.-), nos abonnements de bus (132.-) et nous donne 1200 francs par mois pour vivre, c'est-à-dire pour manger, payer nos factures de téléphone et de redevance TV et s'habiller. Nous trouvons deux-trois à côtés au noir de temps en temps. Il y a une dame qui fait appel régulièrement à moi. Je lui garde son bébé, moi qui viens d'en perdre un. Elle est coincée. Elle doit travailler. Elle court, sort en coup de vent, rentre à toute vitesse le soir. Elle est très contente de moi. Elle a vu tout de suite que j'étais digne de confiance.

Avec notre emménagement dans cet immeuble de la mal nommée rue du Contrat-Social, Nina a changé d'école. Cela correspondait à la fin de son cycle à Sécheron. Elle a ainsi pu commencer l'école de culture générale Henry-Dunant, aux Franchises. Mais ça ne se passe pas bien. Scolairement, ma fille suit et fournit le travail nécessaire pour se tenir à niveau. Mais du point de vue de la discipline, ça coince. Nina a un fort caractère et est bien déterminée à ne pas se laisser faire. Quand j'essaie d'arrondir les angles, elle me rétorque : « A quoi bon, maman ? A avoir été trop brave, regarde où tu en es ! » Elle sait pertinemment qu'elle me fait mal mais elle estime que me bousculer est le seul moyen pour remuer les choses. « Que veux-tu donc que je fasse ?, protesté-je régulièrement, à part attendre ce jugement ! Je ne suis pas employée au palais de justice, bon sang ! Que faire, à part téléphoner régulièrement à nos avocats ? »

Je finis par être convoquée par le directeur de l'école de culture générale, Monsieur Sonderland. Un homme crispé, aux lunettes en écaille et à la moustache à la gauloise. Il y a là aussi le professeur de biologie, raide comme un balai et blanc comme un linge. Nina a eu une altercation avec ce dernier. D'après elle, le prof de biologie aurait tenu des propos pro-russes, fustigeant «la petite Géorgie qui ne se prend pas pour la queue d'une poire». Nina l'aurait alors remis à sa place, en lui indiquant qu'il ne s'agissait pas là de sa matière et que son avis n'avait pas été sollicité. Aux yeux du professeur de 30 ans son aîné, ces propos-là étaient inaudibles. Comment la petite se permettait-elle? Quand bien même il était hors sujet, c'était lui l'enseignant! Il pouvait bien disserter sur ce que bon lui semblait! Quel culot!

Le directeur fit entendre les deux versions de l'histoire. Nina s'exprima calmement en racontant par le menu ce qui s'était passé. On entendit la version du professeur de biologie après. Il ne cachait pas son agacement ce qui, à mon sens, ne jouait pas en sa faveur.

« Ecoutez, nous n'allons pas perdre plus de temps que cela avec ce petit heurt. Je propose que l'élève présente ses excuses. Et n'en parlons plus! » avait conclu le directeur. Je réprimai un rire. C'était bien mal connaître Nina qui, loin d'être démontée, proposa dans la foulée: «Je ne présenterai mes excuses que si Monsieur Gendre me présente les siennes également.» La moustache de Monsieur Sonderland tressaillit. Il était outré. Et ce n'était rien par rapport au prof de bio. Il déglutit et dit: « Quelle outrecuidance! Allons, vous n'y pensez pas! » Nina n'en démordit pas: les excuses devaient être réciproques. Monsieur Sonderland, bien emprunté, ne pouvait pas faire marche arrière. Céder face à une élève était inimaginable. Il n'avait plus qu'un choix: durcir la sanction. Il lança un regard à Monsieur Gendre comme pour dire:

« C'est votre dernier mot ? » Monsieur Gendre croisa les bras, s'ancra encore davantage au sol, et ferma rapidement ses paupières comme pour confirmer. Alors sous la moustache de Monsieur Sonderland, jaillit la sanction : « Mademoiselle, vous êtes suspendue tant que vous n'aurez pas présenté vos excuses à Monsieur Gendre. Ces quelques jours de pleine liberté devraient vous donner à réfléchir. » Puis, comme pour lui donner une dernière chance : « Sachez, Mademoiselle, que ces excuses peuvent me parvenir sous forme écrite. »

Je bredouillai des salutations, et indiquai à Nina, avec un mouvement ferme du menton, qu'elle rejoigne la sortie, tout en lui faisant les gros yeux pour lui signifier qu'il était hors de question qu'elle parte sans dire au revoir. Elle consentit à incliner la tête en guise de salutations.

Avec une autre enfant, j'aurais envisagé une bonne paire de claques. Mais avec Nina, c'était peine perdue. En mon for intérieur, je savais que les quelques jours d'exclusion de l'école qui venaient d'être prononcés par le directeur, condamnaient Nina au décrochage scolaire. Car Nina ne s'excuserait jamais pour quelque chose qu'elle estimait être dans son bon droit.

* * *

Je suis enceinte ! Je garde toujours le petit chez la dame de Cologny. Cela me fait une trotte depuis chez nous, au Contrat-Social, mais elle est tellement contente de moi que je n'ose pas lui dire que traverser la ville ainsi chaque jour me coûte beaucoup de fatigue. J'ai toujours ma sciatique et mes migraines invalidantes régulières. Le petit est adorable. Je me refais la main, comme on dit, avant de donner naissance au mien ! Nina a 17 ans maintenant et Sophie, 9. Ce sont des grandes filles et je vais de nouveau avoir un bébé.

Nina pourra m'aider. Elle vient de finir un stage de trois mois dans une crèche. L'an dernier, après qu'elle n'eut jamais remis les pieds à l'école, elle a enchaîné les expériences professionnelles. Avec son assistante sociale, elle a trouvé, pêle-mêle, des stages dans des maisons de quartier, de l'aide à domicile, du soutien scolaire et cette crèche. Son permis F l'a cantonnée à faire toutes ces expériences sous forme de stages. Nina ne pouvait pas prétendre à un travail. Cela a presque duré un an car ayant fini la scolarité obligatoire, aucune école ni institut n'étaient tenus d'accepter Nina en cours d'année. Nina s'est accrochée. Je crois qu'elle a tiré parti de cette opportunité qui lui était offerte de «jouer à la vie des grands». Mais je crains qu'au fond, cela n'ait aussi renforcé son sentiment d'injustice. Elle a par exemple sympathisé avec une autre jeune fille qui œuvrait sous le titre «d'aide» à la crèche et qui, elle, était rémunérée. Nina ne pourra jamais se résigner à un certain fatalisme. Elle s'accroche, elle cravache, elle espère, mais elle n'accepte pas l'injustice. Elle la vomit.

Nous n'avons toujours pas été jugés. Nous sommes donc toujours dans le même aquarium: Hospice, Permis F invalidant toute idée de travail, pas de sortie de territoire. Cela fait quatre ans maintenant que nous avons fait respectivement 137 et 239 jours de prison préventive. Le gang a été jugé. Et nous?

Je suis chez la dame de Cologny quand le téléphone sonne. Le petit fait la sieste et comme à mon habitude, j'en profite pour repasser les habits de la famille. Je décroche. Ma cousine. Sans voix. Ma mère! Mon Dieu, c'est ma mère!

Ma mère est morte. Et je suis là, coincée dans une maison de famille dont je prends soin mais qui n'est pas la mienne, responsable d'un enfant jusqu'au retour de ses parents dans deux heures. Pour lui, je dois tenir debout. Encore deux heures.

Avec mon permis F, il est impossible que j'aille enterrer ma mère. Je suis arrivée en Suisse il y a neuf ans. S'il n'y avait pas eu cette saga judiciaire, j'aurais un permis B qui me l'eût permis.

Nina va enrager aussi de ne pouvoir aller en Géorgie. Elle se souvient assez bien de sa grand-mère, qui l'a beaucoup gardée pendant que j'enseignais et jusqu'à notre départ pour la Suisse, alors qu'elle allait avoir 7 ans. Elle se souvient du jardinet de ma mère, des astuces à n'en plus finir qu'elle inventait pour lui administrer le moindre médicament, et de ce grand-père, qu'elle regrettait chaque jour tout en fustigeant le fait qu'il n'ait jamais permis à leur fille de devenir actrice. Ah, Nina ! Si au moins j'avais quelque argent pour l'emmener quelque part lui changer les idées.

Je rêvais de les emmener au Swiss vapeur parc au Bouveret – 17 CHF par adulte, 14 CHF par enfant sans compter une centaine de francs de train et presque 300 francs pour une nuit d'hôtel à quatre – ou au Swiss miniature au Tessin où j'aurais eu l'impression confuse et optimale de visiter toute la Suisse d'un coup. De toute façon, six à sept heures de train, dans mon état, est-ce que ça aurait été bien raisonnable ?

Mon Dieu. Mon état. Ma mère partait et mon petit arriverait bientôt. J'ai raccroché la communication avec ma cousine sans même avoir pu le lui dire. De toute façon, j'ai le souffle coupé. La tête paralysée. Pourvu que le petit qui dort paisiblement dans la pièce à côté se réveille le plus tard possible. Je ne suis pas sûre d'avoir la force de le prendre en charge.

Mon frère. Skype. En décrochant, son œil balaie immédiatement ce qui m'entoure : les tableaux et les beaux meubles de la maison de Cologny. Il plaisante, me demande si c'est là ma maison. Je ne réponds pas. Mon visage livide lui indique que l'heure n'est pas à la boutade. Je ne parviens pas à prononcer les justes mots. Guia, mon Dieu, Guia. Notre mère est morte ce matin, seule dans son lit. C'est l'infirmière qui passait chaque jour pour lui prodiguer les soins qui l'a découverte. Sans cette infirmière, qui d'autre aurait pu découvrir son corps ? Une femme qui a tant donné pour ses enfants et son mari ne devrait pas pouvoir mourir ainsi. Si seule. Si isolée. Mon Dieu. Je ne parviens pas à articuler quoi que ce soit dans le bon ordre. Mais mon corps abattu et mon regard morne ont parlé pour moi. Mon frère, que j'appelle par ailleurs extrêmement rarement, craint d'avoir compris.

Guia, qui est installé en Ukraine depuis plusieurs années, ne pourra pas aller aux funérailles. Il sait que la mafia l'y attendrait. Nous cherchons des solutions, maman ne peut pas partir comme ça, sans aucun de ses enfants à ses côtés. Untel pourrait peut-être activer un contact dont la présence suffirait à te protéger. Non, c'est trop risqué, me glisse-t-il. «Je suis père de famille maintenant. J'ai des responsabilités. Mariam, je t'en supplie, tu ne peux pas m'en vouloir. Tu sais comment c'est. Je suis le premier à ne pas supporter ma propre absence à l'enterrement de notre mère. Mais tu le sais, je ne reviendrais pas vivant chez moi.»

C'est le mari de la dame de Cologny qui revient le premier ce jour-là. Je tâche de faire bonne figure. J'estime que ma situation personnelle n'a pas à les impacter. Malgré tout, l'homme, qui a à peine dénoué sa cravate pour se sentir plus à l'aise en rentrant chez lui, et qui a pris son petit sur les genoux, me dévisage : «Mariam, vous ne semblez pas dans votre assiette. Voulez-vous que je vous appelle un taxi ?», m'interroge-t-il, bienveillant. Un taxi ! Quelle bonne idée. Il est 19 heures, les embouteillages infernaux qui obstruent le passage de la rive gauche où je me trouve, à la rive droite où je vis, sont plus ou moins passés. La circulation a dû se fluidifier. Je ne raconte rien. J'acquiesce. Il me donne mon solde. J'embrasse le bébé, que je serre un peu trop fort contre moi, je serre la main au maître de maison qui m'y glisse encore cinquante francs suisses – « pour votre taxi, Mariam, reposez-vous bien ».

2014

Le 3 janvier 2014, quelques jours avant le Noël orthodoxe, je donne naissance à un petit garçon, Saba. Nous sommes fous de joie et ses grandes sœurs aussi.

Je reste hospitalisée quelques jours de plus que la moyenne des parturientes. La faute à ma santé fragile, et aux tests spéciaux qu'il faut faire sur Saba dont le père a l'hépatite C mais que, par miracle, je n'ai jamais contractée. Je crois être presque mieux à l'hôpital que je ne le serai chez moi. Ici, la nurserie peut me garder le nouveau-né la nuit pour que je puisse dormir quelques heures d'affilée entre deux tétées et je n'ai pas à faire à manger.

Le retour est difficile. L'odeur de l'urine de la cage d'escalier dès l'entrée manque de me faire vomir. Les neuf marches à monter avant que d'accéder à l'ascenseur me semblent insurmontables avec un landau. Notre logement tout de guingois. Je regarde la cuisinière que j'étais si contente de trouver en arrivant du Foyer des Coudriers. Une cuisinière rien que pour nous qui me permette de nous faire à manger proprement. Mais qui, maintenant, me paraît coincée entre un plan de travail inexistant envahi par les biberons et le tire-lait et un frigo devenu bien trop petit pour 5. La sensation d'être dans un bocal et de ne pas pouvoir avancer où qu'on regarde et quoi qu'on fasse, me donne le tournis. A ce moment-là, alors que je tiens Saba qui n'a que quelques jours dans mes bras, debout dans ma cuisine, j'entends nettement les hurlements d'Amina dans l'appartement d'à côté. J'ai le vertige. C'est ici que je dois élever mon enfant. Je m'effondre en pleurs.

Avec la grossesse, j'avais arrêté de prendre des antidépresseurs. Mais avec ce nouveau bouleversement hormonal, je sens que je ne tiendrai pas le coup. Après que SOS Médecins fut intervenu à deux reprises en pleine nuit car l'angoisse me suffoquait, je me résignais à retourner chez un psychiatre. La doctoresse Siegfried avait son cabinet à deux pas de la très chic rue du Rhône, où j'aimais toujours à flâner. Quelques minutes de rêverie gratuite, qui ne coûtaient rien à personne mais qui révoltaient Nina. Un jour que je revenais d'y avoir pris l'air, elle avait pesté: «Comment peux-tu rester le nez en l'air dans cette artère outrancière? Sais-tu que le mètre carré commercial est l'un des plus chers au monde? »

Le cabinet de la doctoresse Siegfried me donne l'occasion d'y retourner discrètement et c'est tant mieux. Mais je ne suis pas suffisamment sereine pour profiter de mon ancien jardin secret. Les travaux m'obligent à changer sans cesse de trottoir – heureusement que Koba garde Saba et que je suis venue sans poussette – et le brouhaha du centre-ville me tord les organes. En fait de balade nostalgique, je m'engouffre rapidement dans le cabinet de la doctoresse Siegfried sans même avoir jeté un œil à la vitrine des bijoutiers.

Je raconte bien des choses à la doctoresse, qui veut me donner un traitement de cheval. Mais j'allaite. Et j'y tiens. Il est hors de question que je renonce, pour mon propre confort, à instiller les meilleures défenses naturelles à mon petit qui lui bénéficieront toute sa vie. Je repars néanmoins avec toute une série de prescriptions homéopathiques qui devraient m'apaiser.

* * *

Quatre mois plus tard, alors que notre dossier judiciaire n'a toujours pas bougé, mon avocat, Me Jordan, menace le juge d'instruction de le poursuivre pour «déni de justice caractérisé». Il faut croire que ça a mis un coup de pied dans la fourmilière car le 21 mai, Koba est enfin partiellement acquitté. Mon mari est acquitté des infractions de dommages à la propriété, de violations de domicile, de vols en bande et par métier, de participation à une organisation criminelle et de blanchiment d'argent aggravé. Subsistent l'infraction de recel par métier ainsi que les infractions à la Loi sur les stupéfiants et à la Loi sur les armes.

Nous sommes convoqués le 29 octobre 2014 pour notre procès.

Acquittés… ou presque

Le 29 octobre 2014, tirés à quatre épingles, Koba et moi nous rendons enfin au tribunal. J'ai laissé Saba à Nina, qui aura 18 ans dans quatre jours. Je l'allaite encore et je prie intérieurement pour ne pas avoir une montée de lait « visible » en plein procès.

Quand je comprends que le Ministère public ne s'est pas même donné la peine d'être représenté, je bouillonne. Il y a un volcan en moi prêt à entrer en éruption. J'ai une furieuse envie de demander haut et fort s'il existe pire mépris que de ne pas se déplacer après nous avoir laissés ronger notre frein durant cinq ans et demi. Je brûle d'invectiver les juges et les avocats en robe présents dans la salle d'audience. Mais ce n'est pas le moment de craquer. Pas ici, pas maintenant, après tant d'attente. Je dois parvenir à me contenir. Il faut que justice nous soit rendue ! Du regard, Koba me fait signe d'arrêter de gigoter.

On interroge enfin Koba sur le pourquoi du comment le revolver a échoué là, sur le nombre de bijoux retrouvés, dans l'appartement, dans le grenier, sur la montre Tissot (une vieille montre qui ne fonctionnait pas), sur la montre Favre-Leuba. Et nous voilà repartis à raconter toute l'histoire, les menaces des Géorgiens louches, le passage à tabac.

Non, Koba n'a jamais transmis de cocaïne à un prisonnier de Champ-Dollon. Oui, son ADN a néanmoins été retrouvé mais il ne se l'explique pas. Il se rappelle avoir donné plusieurs vestes à l'église pour les nécessiteux. Est-il possible que la cocaïne ait été véhiculée dans un de ces blousons à la prison ? Non, il ne fréquentait aucun de ces Géorgiens de malheur : « J'étais moi-même en conflit avec tout le monde. Vous pouvez d'ailleurs constater dans les écoutes téléphoniques, que j'ai dit à Guja (un des protagonistes du gang, ndlr) que je refusais de contacter Tumanian (un autre protagoniste du gang) pour organiser une rencontre », plaide-t-il.

Deux heures et trois minutes d'audience exactement. De 14 h 03 à 16 h 06. Nous sommes blanchis. Avec les excuses du jury. Le ministère public est condamné pour violation crasse du principe de célérité.

* * *

Les jours qui suivent sont presque insouciants. J'ai l'impression que l'on me donne une deuxième vie. Nina va pouvoir participer aux sorties scolaires hors du canton, Saba a toutes les chances de devenir Suisse, et avec les indemnités, je pourrais peut-être même envisager de trouver un petit local et d'ouvrir une petite gargote géorgienne, qui sait.

Même notre gourbi du Contrat-Social me paraît gai. C'est Halloween. J'ai emprunté des déguisements à la ludothèque du quartier. Malgré le froid qui empire mes migraines, je propose pour la première fois à mes filles de faire le tour du quartier avec elles en quête de bonbons. Nina est un peu grande pour se prêter au jeu mais dans l'élan de cette nouvelle vie qui s'offre à nous, désencombrée de tout, libre comme l'air, elle concède que ce serait amusant de se promener toutes les trois déguisées. Nous mettons plus d'une heure et demie pour nous préparer toutes les trois. Nous nous maquillons tour à tour. Comme notre salle de bains est trop exiguë, Nina a décroché le miroir que nous utilisons assises sur le lit. Quand je noircis l'œil de Nina comme s'il s'agissait de la toile d'une araignée, nous explosons de rire. Sur le seuil de la porte, Koba, qui m'amène Saba pour la tétée, sourit pour la première fois depuis bien longtemps.

Nous immortalisons le moment. Grâce au téléphone portable de Nina, nous prenons plusieurs photos. Sophie est aux anges. Elle saute sur le lit. Enfin, après avoir donné une dernière tétée à Saba, je sors avec mes filles, méconnaissables. Nous nous éloignons de la rue du Contrat-Social. Il n'y a pas grand-chose à tirer de ces voisins crève-la-faim. A nous la ville et sa frénésie. Ce n'est pas la soirée en elle-même qui est inoubliable. C'est le cœur léger que nous avons, toutes, à nous y employer, qui la rend mémorable.

Le lendemain est un samedi. Je soumets une idée un peu folle à Koba: et si nous allions faire des courses en France voisine? Cela lui paraît une hérésie. «Mais nous sommes blanchis, désormais, argumenté-je. Nous aussi, nous pouvons aller et venir, à notre guise, et nous emparer de jeans à 8 euros quand ici, il n'y a rien à moins de 30 francs! » J'insiste. Mais Koba craint le pire. Il me raisonne: « Certes, nous sommes blanchis mais n'avons pas encore le permis de résidence qui nous permette officiellement de sortir du canton.» Nina tâche de le prendre par les sentiments: «Papa, on pourrait acheter plein de bonne viande! C'est jusqu'à 70% moins cher qu'ici! Avec une vingtaine de francs, tu as une côte de bœuf! » Mais Koba reste intraitable. Ce serait trop bête d'outrepasser nos prérogatives si près du but. «Rendez-vous compte, les filles, du risque que nous encourons pour quelques heures de plaisir! Ca ne vaut pas la peine de tout gâcher si près du but. Décidément, c'est non!»

Le lendemain, nous nous réveillons avec le goût de l'euphorie dans la bouche. Même si nous ne pouvons pas aller en France voisine dès aujourd'hui, nous y irons bientôt! Pour calmer les esprits, Koba nous a promis que, une fois notre permis en poche, cela ferait partie des premières choses que nous ferons.

Le week-end s'écoule dans la quiétude. Nous n'avons pas d'argent mais nous avons ce qu'il y a de plus précieux: l'honneur et la liberté.

Lundi, Nina fêtera ses 18 ans. Nous n'avons pas voulu les fêter à l'avance, même si le week-end s'y fut prêté, car nous sommes superstitieux. Nous soufflerons les bougies en famille le lundi soir tandis qu'elle sortira faire un bowling avec ses copines le samedi soir suivant.

Le lundi, j'ai préparé un gâteau à plusieurs étages. Koba, qui a toujours le nez plongé dans les journaux en ligne du pays, et qui m'agace à se tracasser de la situation politique là-bas, a décidé de lui offrir un abonnement en ligne au grand quotidien géorgien. Cela lui permettra, dit-il, de pratiquer son niveau écrit de géorgien. J'avais contesté mollement. Nina maîtrisait le géorgien à l'oral car c'est la langue que nous employions tous entre nous. Mais en aucun cas elle n'avait le niveau pour décrypter le journal. Je crois que Koba se faisait ainsi plus plaisir à lui qu'à sa fille. Ça m'avait un peu irritée, mais j'avais laissé couler. En revanche, j'avais prévu une belle tenue pour ma fille devenue majeure. Elle l'avait choisie avec moi.

La semaine qui s'offrait à nous était prometteuse. Nous allions pouvoir relancer la procédure pour obtenir un permis de résidence stable, trouver du travail, gagner notre croûte et construire enfin notre vie ici. Mais le 3 novembre

2014, au lendemain des 18 ans de Nina, le Ministère public fait appel de l'acquittement de Koba prononcé cinq jours plus tôt par le Tribunal de police. Le ciel nous tombe sur la tête. Ça ne s'arrêtera donc jamais ?

« C'est symptomatique d'une erreur judiciaire », a expliqué Me Meier, l'avocat de Koba, au téléphone. Ça ne me console pas, mais je comprends que c'est l'enchaînement logique de l'embourbement. « Pour moi, cette affaire est la plus emblématique d'une erreur judiciaire dont on ne prend pas la mesure. C'est un manque de courage des autorités que de réaliser qu'il faut faire marche arrière et arrêter la machine infernale », dit-il encore. Compatissant, il ajoute, ne sachant pas qu'il m'achève ainsi tout à fait : « Si vous êtes emprisonné deux ans en Suisse, on révoque votre permis de séjour. Dans ce cas de figure, on vous a tenus enfermés dehors durant cinq ans et demi. Pour rien. »

2015

Nous avons déménagé. Le gourbi du Contrat-Social est dernière nous. Je n'ai pas même pu saluer Amina. Elle a été retrouvée inanimée par les services de secours qui l'ont embarquée Dieu sait où. Je me demande bien ce qu'il a pu raconter mais Jamal n'a pas été inquiété. Il reste là et s'occupe des enfants qui sont étonnamment propres et bien soignés. J'ai nettoyé à fond l'appartement que nous laissons sans regret. Je pense à la famille qui va nous succéder et je me dis que la propreté exemplaire de ce cagibi les consolera un peu d'y avoir été « casés ».

Notre assistante sociale nous a trouvé un très bel appartement, tout neuf, au Petit-Saconnex. L'immeuble est tout juste sorti de terre. C'est formidable. Voilà le type d'appartement que je m'imaginais habiter en arrivant en Suisse : blanc immaculé et spacieux. Nous avons quatre chambres et deux salles de bains. Il y a un balcon aussi, qui donne sur un parc. Je n'en reviens pas. Enfin, je respire ! Je mets la croix orthodoxe sur la porte d'entrée. Elle nous protègera. Avec mes filles, nous décorons un peu les chambres avec des posters que nous avons eus dans les magazines. Pour Saba, un lion rugissant. Pour Sophie, une chanteuse bien appréciée des adolescentes, Ariana Grande. Nina, elle, hésite encore. Elle voulait acheter un beau tableau chez Conforama mais il coûtait 58 francs et j'ai dû le lui refuser. Depuis, elle surfe sur les petites annonces pour guigner si quelqu'un ne vend pas ou ne donne pas une ancienne décoration qui lui plairait. Plusieurs de ses copines sont au ski et moi, je suis obligée de lui refuser un malheureux tableau. Vivement que je puisse travailler pour de bon !

En attendant, je continue à rendre visite à mes petits vieux. Cela fait maintenant dix ans que je suis bénévole pour l'unité d'action communautaire de la Ville de Genève, et Koba aussi. Ça nous permet de nous sentir utiles et d'être en phase avec notre foi. Il n'y a rien qui m'énerve plus que ces pseudochrétiens qui fréquentent l'église le dimanche et qui cambriolent de pauvres gens le lundi, comme cette fameuse bande de Guja, qui nous a emportés dans la tourmente il y a bientôt six ans. Mon Dieu, la tourmente… qui n'est toujours pas finie. Koba est toujours en stand-by, depuis novembre dernier après l'appel du procureur.

Le 2 avril 2015, Koba est condamné en deuxième instance. Il est reconnu coupable de recel par dol éventuel et d'infraction à la loi sur les armes. Le jugement souligne toutefois que « si, au vu des éléments du dossier, il n'est pas possible d'exclure d'emblée que l'intimé ait cherché à s'enrichir de par ses activités de recel, il semble en réalité avoir agi plus par faiblesse, avec des compatriotes. »[17] Ses indemnités pour réparation de tort moral sont annulées et ses frais de justice, qui devaient lui être intégralement remboursés, lui incombent finalement en partie.

Le 26 mai, l'avocat de Koba fait appel à son tour de ce jugement, qu'il considère être une « condamnation par la petite porte, où le Ministère public s'est arcbouté sur sa position ».

Notre vie s'organise autour de notre nouveau quartier. Le parc Trembley, à deux pas, est très agréable. J'emmène Sophie y jouer et bientôt, Saba pourra profiter de sa pataugeoire gratuite. Il n'y a guère que Nina qui doit traverser une bonne partie du canton pour aller chaque jour à l'école. Elle va désormais au lycée Saint-Charles, dans le quartier de Florissant à Champel. C'est fabuleux. Elle reçoit une instruction privée de premier choix. Nous sommes aux anges. C'est son assistante sociale qui a dégoté les bourses nécessaires à l'écolage. C'est une chance qui lui est offerte et Nina en est consciente. Elle a redoublé d'efforts. Elle s'est inscrite aussi pour passer, en plus, le diplôme du Goethe-Institut. Je l'encourage, moi qui ai toujours été sensible aux langues et qui suis diplômée en langues et civilisations étrangères. Le lycée Saint-Charles observe le système français, que je connais depuis toujours pour m'y être intéressée de près. Ce système m'est familier et cela me rassure. Je l'aide en allemand plusieurs soirs par semaine.

Je garde Saba à la maison. J'ai dégoté un petit parc de bébé sur les petites annonces. Il est d'occasion mais propre. Je l'utilise beaucoup pour sécuriser le petit pendant que je fais la vaisselle ou que je fume une cigarette sur le balcon. Mais Koba n'aime pas ce parc. A chaque fois qu'il passe la

[17] Chambre pénale d'appel et de révision, arrêt du 2 avril 2015.

porte de la maison et qu'il voit le petit dedans, il l'enlève du parc et préfère le voir ramper sur le sol, libre. Je ne peux pas m'empêcher de me demander s'il aurait agi de la même manière s'il n'avait jamais été incarcéré. Cela me donne beaucoup de chagrin que de penser qu'en bien des points, nous sommes des parents différents de ce que nous aurions probablement dû être. Peut-être sommes-nous plus rigides encore sur ce que les enfants peuvent et ne peuvent pas faire. Peut-être sommes-nous plus conscients des moments fugaces de bonheur et du fait que nous les apprécions d'autant plus pour en avoir été privés, nous transmettons mieux ces «petits riens» à nos enfants. Je crois qu'en tout cas, nous parvenons à leur enseigner la valeur des choses. La valeur matérielle des choses, puisque nous avons extrêmement peu de ressources, mais aussi la valeur morale de ce qui nous entoure, puisque nous sommes pieux.

Nous organisons nos bénévolats de manière alternative: il faut que Koba garde Saba pendant que je sors les personnes âgées au restaurant tandis qu'il faut que je sois à la maison avec le petit pendant que Koba conduit des gens pour l'Hospice général. Du coup, je ne vois plus Madame Yvette le mardi matin dans son EMS des Tilleuls. Je suis allée la saluer, bien sûr, tout en ne pouvant lui promettre d'être remplacée. La Ville de Genève manque cruellement de bénévoles pour ses aînés. J'espère intimement avoir une place en crèche tôt ou tard à la fois pour Saba, qui a besoin de se sociabiliser en français, et à la fois pour moi-même, pour pouvoir garder mes quelques activités extérieures. Je suis de nature plutôt coquette. Sortir les aînés me donne une raison de m'apprêter, de me maintenir. Egoïstement, ça m'aide à avoir une image plus positive de moi-même, moi qui supporte difficilement de ne pas pouvoir offrir ce que je voudrais à mes enfants.

Nina réussit la première classe du baccalauréat, appelée la seconde dans le système français de son lycée, avec brio. Elle figure parmi les dix premiers élèves de la classe et obtient également le diplôme du Goethe-Institut. Elle ambitionne de passer le First Certificate l'an prochain. Son établissement le propose. Après tout, pourquoi pas. Je suis fière. Il semble révolu le temps où Nina ne voyait pas l'intérêt de se plier à la discipline collective, ni même celui de vivre. Si ce n'était l'attente du jugement de Koba, je verrais le bout du tunnel.

* * *

2016

Le 17 mars 2016, près de sept ans après les faits, le Tribunal fédéral rend son jugement. Des cinq pages d'accusation du 6 mai 2009, il ne reste que deux charges. Koba est condamné pour recel par dol éventuel, c'est-à-dire que la justice estime qu'il aurait dû savoir que les objets que son grenier abritait, quand bien même il en avait laissé la clé, étaient de provenance douteuse. On est donc loin du «recel par métier». L'autre charge qui subsiste? L'infraction à la loi sur les armes, étant entendu que Koba a «accepté» (contraint et forcé) de garder une arme (non chargée) chez lui.

En commettant ces deux infractions, en principe l'individu en est quitte pour quelques jours-amende. En aucun cas ce type d'infraction n'est condamné par de la détention.

Le dossier est renvoyé au tribunal cantonal pour que les indemnisations soient revues à la lumière de ce nouveau jugement. Acquitté en première instance, Koba devait avoir des indemnités. Condamné en deuxième instance, ces indemnités avaient été supprimées. Enfin, le Tribunal fédéral ayant levé la plupart des condamnations, renvoie désormais au tribunal cantonal pour qu'il statue de nouveau sur la justesse des indemnités à attribuer à Koba.

Le 11 mai 2016, la décision est rendue : Koba est condamné à une peine de travail d'intérêt général avec sursis et est par ailleurs indemnisé de l'intégralité de ses frais de justice. Il touchera une indemnité de 10 000 francs pour réparation de tort moral : détention injustifiée et violation crasse du principe de célérité.

* * *

A la rentrée 2016, j'obtiens une place de crèche pour Saba. C'est à deux pas, au Petit-Saconnex, vers la ferme de Budé. Je suis ravie. Décidément, cette fois, on dirait que la chance nous sourit. Je mène une vie de Genevoise presque normale : mes deux grandes se rendent dans leur école respective chaque matin tandis que je pars déposer mon bébé à la crèche, dont je reviens à pied. Quelques courses, les repas que j'ai repris goût à préparer dans ma cuisine que j'ai fini d'aménager avec mes indemnités. Mon îlot central me permet d'avoir suffisamment de rangements. La hotte fonctionne bien pour évacuer les odeurs quand je cuisine à plein régime. Koba est content. Ça met du baume au cœur, les bonnes odeurs de cuisine à la maison. Il ne me manque que le travail. Je postule régulièrement, je n'ai pas baissé les bras. Mais mon permis F est comme un boulet à mon pied.

Comme Saba est désormais à la crèche, je retourne voir Madame Yvette, les mardis matins. Elle était tellement contente qu'elle m'a offert une grande boîte de chocolats, les « Merci » que j'aime à tremper dans mon café après le repas. Elle m'a aussi donné une boîte de Kinder Surprise pour mes petits. Cela m'a beaucoup touchée. Si la juge d'instruction avait pu entendre toutes ces personnes qui étaient contentes de moi, la dame de Cologny, Madame Yvette, ma responsable au Centre Rothschild, cela l'aurait-elle remise sur la bonne voie plus vite? Je regarde Madame Yvette, ses cheveux blancs, son regard vif malgré l'âge. Je m'interroge. Il faut lutter contre ces questionnements inutiles qui m'encombrent le cerveau et ne me font en aucun cas avancer. Comme à chaque fois que ces interrogations surviennent, je tâche de les chasser. Je dis à Madame Yvette : «Je vous emmène chez le coiffeur, mardi prochain ?» Madame Yvette acquiesce de la tête. Elle a saisi ma courte absence mais est ravie.

Devenir Suisses

«Chers Monsieur et Madame Salikadze, vous êtes détenteurs d'un permis F mais cela fait plus de douze ans que vous résidez sur sol genevois. L'Office cantonal de la population et des migrations, ci-après désigné comme OCPM, vous informe qu'une nouvelle loi sur l'acquisition de la nationalité suisse entrera en vigueur au 1er janvier 2018. Aujourd'hui, vous remplissez les critères pour être éligible à l'acquisition de la nationalité suisse, selon la loi préalable à celle votée par le parlement le 20 juin 2014 et dont l'ordonnance d'exécution a été adoptée par le Conseil fédéral le 17 juin dernier. Mais dès le 1er janvier prochain, présenter une demande de naturalisation ne sera plus possible, les critères ayant changé.

«Comme vous, des milliers de résidents genevois sont concernés. Il était donc de notre devoir de vous en informer. Rendez-vous sur le site internet de l'OCPM pour en savoir plus. Avec nos meilleures salutations. Valable sans signature»

Voici le courrier que je reçois à l'automne 2016. J'ai un peu plus d'un an devant moi pour rassembler tous les documents nécessaires. Ça va être une autre paire de manches. Il nous faut récupérer notre vrai nom, celui que nous avons abandonné en arrivant à Genève, pour que la mafia ne nous retrouve jamais. Cela me réjouit et me fait peur à la fois. Mon nom, celui de ma mère, celui que porte mon frère ! Redevenir moi, avec mon véritable prénom, celui auquel j'ai répondu toute mon enfance et jusqu'à l'âge adulte, redevenir moi, avec mon identité, mon honneur, ma dignité recouvrée. Je vais pouvoir être moi, Tamari Tshubinishvili, 41 ans, mère de trois enfants, Genevoise d'adoption, Suissesse de passeport. Mon identité sera mon socle pour tout reconstruire. Cette perspective me transporte.

Pas si vite. Koba brise mon enthousiasme. « Tu te souviens que nous avons essayé d'obtenir des papiers pour Nina l'an dernier pour son bac de français, en vain ? ». Koba veut me ramener à la raison. Je sais, ça va être difficile, je ne suis pas idiote. Mais il insiste. « Ça va peut-être être plus que difficile ». Je hausse les épaules. Il faudra bien que l'on nous reconnaisse une existence. « Mais dans quels délais ? », insiste-t-il.

Le délai ! Nous avons un an pour récupérer notre ancien nom, le vrai, obtenir des passeports géorgiens pour nous cinq, présenter le test à la naturalisation et obtenir une note suffisamment bonne pour avoir le droit de déposer notre dossier. Un an. Je me mords les lèvres. Mes épaules s'affaissent. J'imagine Nina, avec son diplôme suisse de fin de scolarité en poche, la *matu* comme on l'appelle ici, et en plus, le passeport suisse. Quelle vie prometteuse lui offrirais-je alors ! Non, décidément, je n'ai pas le droit d'être abattue. La perspective que mes trois enfants soient Suisses vaut que je mène tous les combats du monde. Je vais remuer ciel et terre, tu verras Koba. On va y arriver.

Commençons déjà par nous inscrire au test qui est un pré-requis au dépôt de dossier de la naturalisation. Cette étape est très récente. Elle vient même d'être insérée dans le processus de naturalisation, si j'ai bien compris. Il s'agit d'un test, du type QCM, auquel il faut obtenir au moins 40 réponses justes sur les 45 questions. Ceux qui n'y parviennent pas ne peuvent pas prétendre démarrer le processus de naturalisation. Je me suis ruée sur internet. Je surfe : Office cantonal de la population, service des naturalisations. En quelques clics, me voilà renseignée. J'irai dès demain, tram 14, arrêt Bandol, avant 11 heures du matin. Voilà, Koba. J'ai remis quelques idées en place. Retroussons-nous les manches.

Le lendemain, nous sommes inscrits pour le test qui aura lieu à l'été 2017. Voici huit bons mois devant nous pour nous plonger dans l'histoire et la géographie suisses sur lesquelles nous allons être testés. C'est une bonne chose de faite mais on est loin du compte. Personnellement, je pense qu'il vaut mieux d'abord récupérer notre nom, obtenir les passeports avec notre vrai nom puis prétendre à la naturalisation. Mais par acquit de conscience, je consulte mon avocat. Lui, prétend le contraire. A l'entendre, nous pouvons tout lancer en même temps : la demande de retour à notre véritable nom et l'obtention de passeports géorgiens. Je suis sceptique mais après tout, c'est lui l'avocat. Comment oserais-je ne pas opter pour la solution qu'il préconise ? Koba secoue la tête. Il a tendance à penser comme moi mais nous suivrons l'avis de l'homme de loi. Me Jordan me devise à 10 000 francs l'ensemble de la procédure, soulignant qu'il me fait là un cadeau. C'est ce qu'il nous reste de nos indemnités carcérales. Nous les lui donnons en priant intérieurement pour que le plan fonctionne dans les temps impartis.

Parallèlement, nous mettons en branle l'obtention des passeports géorgiens. Puisque Me Jordan considère que nous pourrons demander les papiers à notre vrai nom par la suite, il faut bien empoigner le problème. On ne pourra pas prétendre à la naturalisation avec notre seul permis F. Il nous faut bien des papiers d'identité dignes de ce nom.

* * *

Le 12 décembre 2016, alors que Genève fête l'Escalade par un froid glacial, je tire Saba par la main jusqu'à la gare. Comme le veut la tradition de ce jour où la République de Genève célèbre la victoire sur les Savoyards, le petit est déguisé. J'ai pu trouver un déguisement approprié à sa taille chez Baby Occas'. A vrai dire, je ne sais pas bien pourquoi je l'ai fait puisqu'aujourd'hui, nous allons à Berne. L'accoutrement va paraître saugrenu, là-bas.

Je suis contente de prendre le train. Cela m'oblige à rester deux heures tranquillement à m'occuper de mon petit et à ne rien faire d'autre. A la maison, j'ai toujours mieux à faire que de me consacrer entièrement à Saba. C'est plus fort que moi. Il y a toujours une lessive à étendre, un repas à préparer, du repassage à faire ou une chambre à ranger. Me voilà ici en tête à tête avec Saba. Je lui ai pris un coloriage. Voir défiler le paysage va m'apaiser aussi, moi qui n'ai rien vu de la Suisse depuis mon arrivée il y a douze ans.

A notre arrivée à Berne, je sais qu'il nous faut prendre un bus pour à peine dix minutes. Mais malgré le froid mordant, je ne résiste pas à l'envie de parcourir la ville à pied. Je mets Saba avec son drôle de déguisement dans la poussette et je l'emmitoufle. Me voici dans la Suisse que j'imaginais quand ma cicatrice était encore brûlante à Svaneti. Les rues sont pavées. Les arcades commerçantes sont discrètement enchâssées sous des siècles d'histoire. Cette ville est coquette mais son charme est morne. Elle n'a pas l'éclat d'une capitale. Je me figure Zurich plus arrogante et Zermatt plus majestueuse.

Voici le bâtiment rougeâtre qui abrite l'ambassade géorgienne, en face d'une Migros. Avec ses grandes baies vitrées, il s'élève fièrement au-dessus des rames de tramway centrales. En voyant les marches qu'il faut gravir pour entrer, je me crispe. Avec ma sciatique, il est inenvisageable que je porte la poussette. Mais un employé qui sort fumer une cigarette se tient sur le perron. Il m'interpelle en géorgien. Malgré moi, j'ai un mouvement de recul. L'homme est en train de me proposer son aide et devrait me tirer de l'embarras et moi, je suis là, grelottante, comme une idiote et je n'ai rien trouvé d'autre de mieux à faire que de sursauter, terrorisée, en entendant du géorgien. A son regard, je vois que mon mouvement de recul l'a blessé. S'il savait!

Je dépose les deux demandes de passeport pour Koba et moi, avec notre nom actuel, sans problème. L'extrait de naissance de Nina a été établi à notre vrai nom d'avant. Ca devrait être plus facile que pour Sophie et Saba, enregistrés sous notre nom d'emprunt. Et pourtant, pour Nina, on me dit que c'est impossible. D'abord, la petite est née en Allemagne. Or, la loi vient de changer. Désormais, tous les enfants nés après 1995 peuvent obtenir le passeport géorgien uniquement s'ils sont nés en Géorgie. Pour ne rien arranger, il y a une erreur dans son extrait de naissance. Mon prénom, celui de sa mère, est mal orthographié. Il comporte deux fautes, dont un «o» au lieu d'un «a». J'ai beau contester que c'est sûrement lors de la transcription de l'alphabet ibéro-caucasien en alphabet latin en Allemagne, rien n'y fait. Il faut tout reprendre à zéro, m'assure la dame de l'ambassade. Sans extrait de naissance correct, Nina ne pourra jamais prétendre à un passeport.

Je rentre à Genève épuisée. Dans le train, il y avait tant de monde entre Berne et Lausanne puis entre Lausanne et Genève! Tous ces gens qui «pendulent» comme on dit ici, entre deux villes où ils habitent et où ils travaillent. C'était très bruyant. Les téléphones des uns, des autres. J'ai fini par prendre Saba sur mes genoux car le molosse qui lui servait de voisin était absorbé par son téléphone portable et n'avait pas même conscience d'être à côté d'un tout petit bout à préserver. En arrivant à Cornavin, nous prenons le bus numéro 3 pour «monter» au Petit-Saconnex et rentrer chez nous. C'est guère mieux: le vieux bus en accordéon serpente péniblement en faisant un raffut d'enfer rue de la Servette avant de s'engager à droite et de se vider un peu après le parc Trembley.

En rentrant à la maison, je supplie Koba du regard de s'occuper des enfants et de les faire manger. La migraine me terrasse. Avant de me voir disparaître dans la chambre, il m'enjoint du regard pour que je lui raconte ce qu'a donné mon voyage à Berne. Au bout de tant d'années côte à côte, nous n'avons pas même besoin de parler. Une œillade suffit pour que nous nous comprenions. C'est touchant, m'avait dit un jour Nina. Du regard toujours, mais appuyé par deux gestes – entendre ma propre voix est au-dessus de mes forces – je lui indique que pour nous deux, les passeports sont en route mais que pour Nina, ce sera autrement plus compliqué: je forme un accent circonflexe avec mes sourcils et je secoue ma main droite énergiquement en désignant Nina du menton.

* * *

Il nous faut demander l'extrait de l'acte de naissance de Nina en Allemagne. Heureusement, tant Koba que moi parlons bien l'allemand. Tour à tour, dès que l'un d'entre nous a un moment, entre deux activités bénévoles et la préparation des repas pour nous cinq, il téléphone et tâche de se frayer un chemin dans les méandres de l'administration allemande. Il faut reconnaître que les Allemands sont efficaces. Mais notre problème est complexe : corriger un acte de naissance est, pour ainsi dire, impossible. « Il aurait fallu le faire modifier dans les dix jours qui ont suivi la naissance, Madame », m'entends-je dire des dizaines de fois. Je ne m'étais pas rendu compte de la bévue, j'étais tout à mon bonheur de devenir mère.

L'avant-veille du Noël catholique, alors que je crains que les fonctionnaires ne soient déjà en vacances, je tombe sur quelqu'un du service adéquat. Je lui dicte les corrections. Il me faut les lui faxer et lui envoyer un courrier spécifiant ces modifications et portant également l'apostille attestant du caractère à la fois officiel et légal de la demande. Je crois tenir enfin la solution. Je cours au service de légalisation de l'Office cantonal de la population. Je paie cent vingt francs et encore presque dix francs pour l'envoyer en recommandé. Mais vingt jours plus tard, l'extrait de l'acte de naissance arrive tel quel, non corrigé.

Je fais rentrer Me Jordan dans la danse. Selon lui, étant donné que les enfants nés après 1995 doivent être nés en Géorgie pour en obtenir la nationalité, c'est peine perdue d'essayer de prétendre à la nationalité géorgienne. Mais j'insiste : il faut impérativement que Nina ait une pièce d'identité valable d'ici l'été 2017, dans six bons mois, pour pouvoir se présenter à la maturité. D'autant que son lycée est français et l'emmène passer les épreuves du baccalauréat aux portes de Genève, mais sur territoire français. L'avocat propose alors de lancer une demande de passeport apatride à l'Office fédéral des migrations. Dans cette lettre, Me Jordan précise le caractère impératif de l'obtention de la pièce d'identité, étant donné que la présentation de Nina à l'examen du baccalauréat est imminente.

Pour lui, la seule solution est donc de demander un passeport d'apatride. Ma tête bouillonne. Offrir une existence d'apatride à mes enfants, voilà bien encore une des dernières choses auxquelles j'aurais aspiré. Mais le choix est vite fait : sans passeport, Nina ne pourra pas présenter l'examen qui couronne toute sa scolarité. Avec mon accord, il en formule néanmoins la demande auprès de l'Office fédéral des migrations qui, m'assure-t-il, a obligation de répondre, positivement ou négativement, dans les trois mois qui suivent.

* * *

Cette fin d'année 2016 a une saveur particulière. Le dossier judiciaire est clos et nous sommes dans la perspective éventuelle de devenir Suisses. Pour le repas de Noël, nous avons pu nous procurer du Tchatcha, notre liqueur géorgienne. Koba et moi autorisons Nina à trinquer avec nous. Après tout, la petite est majeure. La grimace qui tord son visage me fait dire qu'elle ne se fera pas à l'alcool qui était sur la table de mes grands-parents. Il y a fort à parier qu'elle préfère la fondue accompagnée de Chasselas.

* * *

L'année 2017 commence et avec elle, le compte à rebours pour réunir les papiers nécessaires pour prétendre à la nationalité suisse. J'ai constamment une horloge dans la tête qui fait tic-tac. Chaque soleil qui se couche sans nouvelles de mon avocat me turlupine. Et avec ça, Nina qui doit passer son bac dans moins de six mois ! Quelle drôle de mère je ferais si tous les efforts scolaires de mon aînée devaient être anéantis, faute d'être capable de présenter les papiers nécessaires ! Quel type de femme cela donnerait-il ? Au seuil du diplôme sans jamais ne pouvoir l'obtenir, Nina ne deviendrait-elle pas une jeune femme aigrie avant l'âge, révulsée par l'injustice ?

Elle a obtenu de très bonnes notes à son bac de français. Elle a son diplôme du Goethe-Institut depuis bientôt deux ans en poche et l'an dernier, elle a réussi son First Certificate. C'est triste à dire, mais il ne lui manque que ses papiers d'identité et elle serait plutôt bien partie dans la vie, nonobstant les déchirures survenues durant sa pré-adolescence.

Un mardi matin, alors que je sers le café à Madame Yvette, qui n'a jamais rien su de mon histoire, je me décide à parler. C'est que la dame, qui apprécie mon écoute et ma conversation, m'interroge pour la énième fois sur la santé et le devenir de mes enfants. « Mariam, vous semblez si tracassée parfois. Je vois bien que l'anxiété vous ronge. » Je n'ai jamais rien dit de mon passé judiciaire et je ne dirai jamais rien. Il y a fort à parier que les gens estiment qu'il n'y a « pas de fumée sans feu ». Quand j'ai disparu bien malgré moi de l'EMS parce que j'étais incarcérée, on a prétexté une longue maladie, avec Nadine, la dame qui dispatche les forces bénévoles de l'action communautaire et sociale en ville de Genève. Mon autre absence a été suite à la naissance de Saba, mais là, les choses étaient évidentes et il n'y eut pas besoin de mentir. Bref, ce matin-là, la tête dans les épaules, comme tirée vers le sol par le poids de ma forte poitrine, je me résous à parler à Madame Yvette. D'abord à voix basse, les yeux au sol. Puis, animée peu à peu par mon récit et son injustice, je relève la tête, m'adresse à Madame Yvette en la regardant dans les yeux, et lui raconte. Je suis en train d'essayer d'obtenir des papiers d'identité pour mes enfants et nous-mêmes. Pour nous cinq. C'est le droit le plus élémentaire mais rien ne dit qu'on y arrivera. Ca paraît incroyable, mais on a dû changer de nom en arrivant ici pour brouiller les pistes de la mafia géorgienne qui était à nos trousses. En plus, mon aînée est née en Allemagne. Il y a deux erreurs dans son extrait de naissance, qui nous empêche de demander les papiers adéquats, alors qu'elle est née sous le bon nom, contrairement à mes deux autres enfants, qui sont nés sous notre identité d'emprunt. Et puis l'urgence, c'est le bac de la petite dans quelques mois. Je lui raconte que le consulat géorgien et le ministère de l'Intérieur géorgien, que nous avons pu joindre à trois reprises par Skype (« vous savez, le service de téléphonie gratuit par internet », « oui, mon petit-fils m'en a parlé, il voulait même qu'on l'utilise ensemble quand il est allé faire son semestre d'études au Japon, il y a deux ans »), se renvoient la balle. Il y a des histoires d'apostille, de traduction légale et ce n'est pas facile.

Madame Yvette acquiesce. Elle comprend mieux pourquoi il lui semble que je suis constamment en train de me faire du mouron. Elle tâche de me rassurer. Pourtant, je ne lui ai pas dit l'essentiel: il y a urgence pour le bac de la petite, certes. Mais la véritable échéance, c'est la naturalisation suisse. Si nous ne sommes pas en mesure de déposer un dossier complet d'ici l'automne prochain, nous ratons l'échéance fixée par la nouvelle loi et serons à jamais cantonnés à avoir un permis F ou, à terme, au mieux, un permis B. Jamais plus l'opportunité d'appartenir pleinement à la nation où nous vivons ne se présentera. Madame Yvette a entendu parler de cette nouvelle loi votée en juin 2014 par le parlement. « Le neveu d'un de mes amis est dans le même cas de figure. Il travaille à Genève depuis une dizaine d'années dans les organisations internationales. Mais il a bien été averti qu'il ne pourrait bientôt plus prétendre à faire valoir ces années de résidence-là. Le cercle éligible des candidats à la naturalisation se restreint. Il était d'ailleurs très partagé et, la dernière fois que j'en ai parlé avec mon ami, il me disait qu'il ne savait pas si son neveu profiterait de cette fenêtre-là ou non pour essayer d'avoir vite la naturalisation et être tranquille.

Je souris. C'est vrai que la modification de la loi n'emporte pas que les pauvres diables au permis F comme nous, mais aussi les fonctionnaires internationaux de Genève. En fait, seuls les détenteurs d'un permis C pourront désormais prétendre «au passeport à croix blanche» comme l'appelle régulièrement la presse.

Madame Yvette semble satisfaite que je me sois un peu confiée. Je crois qu'elle ne demande que ça. Elle ajoute: « Vous savez, je devine plus que ce que je ne sais vraiment de la vie de mes petits-enfants, puisque je les vois rarement. Comme vous les substituez pour ainsi dire dans les visites que vous me rendez, je veux bien également me figurer la vie que vous menez quand vous n'êtes pas avec moi à l'EMS.» Il est l'heure que je l'accompagne dans la salle où elle prendra son repas. Quand je l'embrasse en partant, elle me lance: « Faites-moi penser, ma petite Mariam, la prochaine fois, de vous montrer mon passeport. Vous verrez comme c'est idiot. Il y a ma commune d'origine, qui est en fait celle de mes arrières-grands parents. Courtelary, dans le Jura bernois. C'est tout juste si j'y ai déjà mis les pieds. Voyez comme c'est idiot ces histoires d'origine!»

Un mois avant les vacances d'été, nous recevons la réponse de l'Office fédéral des migrations: non, Nina ne peut pas prétendre à un passeport apatride. Si je comprends bien le courrier que me lit mon avocat au téléphone, l'Office des migrations estime que la lettre du consulat géorgien faisant état de l'impossibilité de fournir un passeport à Nina, selon la nouvelle loi votée par le parlement deux ans auparavant, ne décline pas l'identité de Nina de manière suffisamment précise.

* * *

Acculés, nous lançons une demande de visa uniquement pour que Nina puisse aller passer son examen du baccalauréat côté français. Je me dis que si toutefois nous échouons à la présenter à cet examen, sa vie ne sera que colère et rejet. Le visa est refusé. Avec un permis F, où croyions-nous pouvoir aller?

Mais les démarches entreprises auprès du consulat portent enfin leurs fruits. Après plusieurs allers-retours entre le service de légalisation de l'Office cantonal de la population, l'administration allemande pour l'acte de naissance de Nina, et l'ambassade géorgienne à Berne, on nous promet que cette fois, ce n'est plus qu'une histoire de semaines. Nina aura bel et bien un passeport géorgien dans quelque temps.

Le 13 juin 2017, quarante-huit heures avant la première épreuve du bac, Nina obtient son passeport. Mais elle est inscrite au baccalauréat sous notre nom d'emprunt, l'usuel que nous utilisons depuis que nous sommes ici. Il est trop tard pour pouvoir en changer. Le directeur de son école, un homme formidable au grand cœur, m'a de toute façon téléphoné la semaine d'avant pour me rassurer: il prend sur lui le risque d'emmener Nina côté français. Elle sera avec tous les autres dans le car qui les emmènera au lycée français du pays de Gex.

Nina ne passera pas son bac dans des conditions optimales. Elle ne craint pas réellement d'être contrôlée à la frontière – maman, quel douanier prendrait la peine de vérifier une à une les cartes d'identité de 56 élèves faisant une petite dizaine de kilomètres pour aller passer leur bac?» – mais en plus du stress bien compréhensible lié à ce diplôme crucial, elle n'est néanmoins pas à son aise, loin s'en faut. Le 15 juin, le car part de Thônex. J'ai confié Saba à Koba, qui l'emmènera à la crèche. Je traverse toute la ville avec Nina, en tramway, pour l'accompagner au car que je regarde partir avec le cœur serré. Pourvu qu'il ne lui arrive rien ! Pourvu qu'elle ait ce fameux bac dans quelques semaines en poche !

Du 15 au 22 juin, pendant sept jours consécutifs, je mène la même danse. Je ne peux pas m'empêcher d'accompagner Nina chaque matin jusqu'au pied du car qui l'emmène passer ses épreuves côté français. Elle ne m'en dissuade pas, d'ailleurs. Je pense que ma présence la sécurise. Le soir, pour le retour, l'école a consenti à organiser un arrêt à la gare Cornavin avant de repasser rive gauche. Je l'attends donc, au pied de la gare, sous l'horloge, chaque soir à 18 heures. Je n'ai jamais aimé cet endroit. Toutes les gares sont malfamées. Mais la gare Cornavin, en plus d'être mal fréquentée, concentre d'insupportables défauts d'urbanisme. Il est très mal aisé d'y attendre en sécurité. Piéton, on risque à tout moment de se faire renverser par les voitures sortant du parking. Il n'y a pas vraiment de lieu de rencontre où attendre tranquillement. A l'extérieur, on se fait sans cesse accoster par des petits dealers ou des paumés qui réclament trois pièces de monnaie. L'arrivée de Nina est chaque jour une délivrance. Sa démarche déterminée et son regard noir semblent écarter d'emblée tous ces vauriens.

Pour nous dégager de ce nœud critique, nous remontons la rue de la Servette à pied, dans un premier temps. Elle me raconte le sujet de l'épreuve sur lequel elle est tombée et comment elle pense s'en être sortie. Pour l'épreuve de philosophie, elle s'en est donné à cœur joie. Elle ne pouvait plus s'arrêter de disserter, m'a-t-elle assuré. « C'était comme un robinet, maman ! ». Le sujet ? « Défendre ses droits, est-ce défendre ses intérêts ? » Elle est contente de la performance qu'elle pense avoir accomplie. Je me pince les lèvres mais ne dis rien. J'espère en mon for intérieur que la rébellion qu'elle porte en elle n'a pas trop transpiré sur sa copie. Elle me dit avoir hésité à choisir l'autre sujet alternatif : « Peut-on se libérer de sa culture ? ».

* * *

Le 5 juillet 2017, Nina obtient le baccalauréat série L avec la mention Assez Bien. C'est une étape dans sa vie, mais dans la nôtre aussi. Je suis contente que ma petite soit armée pour affronter la carrière, quelle qu'elle soit, qui l'attend.

C'est bientôt notre tour de faire nos preuves. Le test préalable au dépôt du dossier de naturalisation est prévu courant juillet. Nous préparons ça depuis des mois. J'ai le sentiment que nous savions déjà beaucoup de choses, de facto, sans avoir eu à nous plonger à proprement parler dans l'histoire genevoise et suisse. Mais vu les enjeux, nous avons toutefois préparé ça consciencieusement. Régulièrement, le soir, avec Koba, une fois les enfants couchés, nous nous interrogions mutuellement : « Que symbolise la clé dans le fanion de Genève ? » ; « A quelle date a eu lieu l'Escalade ? », « Qu'est-ce que la bataille de Sempach ? » ; « Quelle est la plus petite commune francophone de Suisse », etc. Résultat : Koba obtient 43 réponses justes sur 45 questions et moi, 44 réponses justes sur 45 questions. Nous avons une erreur commune. Nous avons pêché à la question « Comment s'appelle le grand bateau à voile, construit en 1904 pour transporter les marchandises sur le lac Léman ? ». Koba a répondu « La Mouette ». Ne sachant pas, j'ai préféré m'abstenir et ne pas tenter une réponse « au hasard ». Il fallait répondre « Le Neptune ».

Je suis si contente ! Je suis fière de Koba aussi. J'avais confiance en moi, j'avoue, mais moins en lui. Même si son français mériterait de s'améliorer encore, il a pu acquérir de bonnes connaissances sur la Suisse et sur Genève en particulier. Je crois qu'il s'est particulièrement donné de la peine. Il ne voulait pas me décevoir, cette fois. Dans son esprit, l'échec n'était pas possible. Il me devait au moins ça, devait-il estimer. Il se désespère déjà suffisamment qu'à l'aube de ses 40 ans, père de trois enfants, il ne parvienne pas à faire vivre sa famille et doive se résoudre à vivre de l'aide sociale. Je crois qu'il a vu davantage qu'une opportunité dans notre naturalisation suisse, et dans la sienne en particulier. Il a vu plus qu'un rebond, une renaissance.

Nous sommes jeudi et je meurs d'envie d'annoncer la bonne nouvelle à Madame Yvette. Attendre ma visite de mardi prochain me paraît loin. Je hausse les épaules : après tout, qui m'empêche de lui rendre visite inopinément, en dehors du cadre prévu par l'Unité d'action communautaire et sociale de la Ville de Genève ? Je souris : rien ! Je me perds même un instant dans la force de l'étreinte de Koba. Cela ne m'était plus arrivé depuis longtemps. Je le félicite doucement, dans l'oreille, pour qu'il y voie une promesse d'intimité pour ce soir, plus tard. Je file à l'EMS des Tilleuls. Koba me regarde partir en souriant. Après tout, nous avons tout juste 40 ans, l'avenir est devant nous.

J'arrive à l'EMS en fin de journée. Je sais que les soins sont finis. J'y pénètre donc assez confiante, persuadée de ne pas déranger à cette heure-ci. « Madame Salikadze », me dit la réceptionniste, l'air contrit, en me voyant entrer. Je veux expliquer ma présence à cette heure-ci, un jeudi mais la réceptionniste m'arrête dans mon élan. Elle se mord les lèvres, se triture les doigts puis se lance : « Madame Salikadze, j'ai une très mauvaise nouvelle », dit-elle en guise d'introduction. Non, pas ça ! Pas au moment où j'allais rassurer Madame Yvette sur mon avenir. « Madame Yvette s'est éteinte ce matin, peu avant le repas. Elle avait demandé à se reposer un moment après les soins. Quand le personnel est allé la chercher pour l'accompagner à la salle à manger pour son repas, Madame Yvette ne répondait plus. » Devant mes yeux ronds comme des billes, et qui s'humidifient déjà, elle ajoute, doucement : « Elle n'a pas dû se sentir partir. Elle n'a pas souffert, c'est sûr. »

Je me demande si mon corps a déjà connu une joie sans que l'électrochoc d'une douleur ne lui succède. Moi qui venais pleine d'entrain, me voici coupée net dans mon élan. Je crois que ce qui me brise le plus, c'est que Madame Yvette soit partie sans savoir que ma situation promettait de s'améliorer, et que j'avais obtenu un brillant 44 sur 45 au test de naturalisation. Je ne m'attendais pas à ce que Madame Yvette s'éteigne. Elle n'avait pas de problème de santé majeur. Elle était juste très âgée.

Mais voici une de ses infirmières qui passe. Je l'interpelle. « J'aurais aimé saluer Madame Yvette une dernière fois », demandais-je, à mi-voix, les yeux baissés. « Vous pouvez monter dans la chambre, sa famille est arrivée il y a à peine une heure. Ils sont tous auprès d'elle. » « Le prêtre a-t-il eu le temps de la bénir ? » hasardé-je. L'infirmière me considère de haut en bas, interloquée. « Personne n'a songé à faire appeler un homme d'église et Madame Yvette n'avait émis aucune recommandation à cet égard. »

Me voici enjambant les marches qui montent au premier étage où se trouve la chambre de ma protégée, que j'emmène en ascenseur habituellement. La porte est entrouverte. Il y a là six personnes qui se tiennent debout autour du lit de Madame Yvette. J'entends une voix de femme : « Morte à 87 ans, dans son sommeil ! On aimerait tous terminer comme ça ! » Je trouve le commentaire extrêmement peu délicat et à vrai dire, mes pas s'arrêtent net. « Oui, c'est certain », enchaîne un homme, avant de s'éclaircir la voix et de poursuivre : « Sait-on à quel notaire elle avait confié ses intérêts ? » Je me fige. Le corps n'est pas encore froid et on parle d'argent ! Ah, Madame Yvette avait menti quand elle excusait l'absence de ses enfants et petits-fils, occupés par des activités autrement plus importantes que celle de venir la voir ! Je renonce à pénétrer dans cette chambre pleine de malotrus.

En partant, je demande qu'on me prévienne de la date et du lieu des obsèques. Je laisse mes coordonnées à l'accueil. Demain, je téléphonerai à Nadine, la coordinatrice des activités bénévoles pour la prévenir.

* * *

A l'automne 2017, le Ministère public de Genève nous informe que notre changement de nom est accepté.[18] Nous pourrons donc obtenir nos passeports avec notre véritable nom. On nous donne déjà les permis de séjour, toujours aussi peu rutilants, les permis F, avec notre vrai nom. Ça me fait un tel bien de revoir mon prénom et mon nom étalés en toutes lettres. J'ouvre tour à tour les cinq permis F qui s'offrent à nous. Quatre des cinq permis sont à notre véritable nom, même ceux de Sophie et Saba pourtant nés sous notre nom d'emprunt. J'ai l'impression qu'on est de nouvelles personnes. Une nouvelle vie, ancrée dans la réalité, s'offre à nous.

---

18 Le 4 septembre 2017, par le document référencé C/24902/2016 SP, le Tribunal civil du pouvoir judiciaire de la République et canton de Genève admet les requêtes de changement de noms pour Koba, Mariam, Sophie et Saba. La requête concernant l'aînée, Nina, est déclarée irrecevable car Nina étant née en Allemagne et non en Suisse, le tribunal se déclare incompétent à l'égard de cette dernière.

Il nous reste trois mois pour obtenir les passeports à notre vrai nom, recueillir tous les papiers requis et déposer le dossier de naturalisation.

* * *

Des trois dossiers de naturalisation déposés, Nina est la première à être convoquée au début de l'été 2018. Nous sommes confiants. Elle a fait toutes ses écoles en Suisse, elle connaît Genève comme sa poche et en a même l'accent. Nous nous acheminons donc sereins pour son entretien qui a lieu à l'Office cantonal de la population, en haut de la rampe qui mène à Bernex. Koba et moi l'accompagnons. Son père a décidé de rester en bas du bâtiment dans la voiture. Moi, je la suivrai jusqu'au seuil de la porte de la salle où se tiendra son entretien et j'attendrai dans une salle d'attente.

Rongés par la peur d'arriver en retard, nous atteignons l'OCP avec presque une heure d'avance. Nina et moi sortons de la voiture. Son père lui glisse «je compte sur toi, je sais que tu vas y arriver». Nous nous approchons près de la porte d'entrée, fermée à cette heure-ci, puisque le bâtiment n'est pas ouvert au public l'après-midi. Tandis que je fourrage dans mon sac à main à la recherche d'une cigarette, Nina s'approche pour lire les consignes qui s'étalent en toutes lettres sur les vitres propres comme des sous neufs. Voilà, il faut actionner la sonnette, attendre que quelqu'un parle à l'interphone, monter à l'étage.

Mais nous sommes trop en avance. Je pose ma main sur l'épaule de Nina avant qu'elle ne touche l'interrupteur puis, en tirant une grande bouffée sur ma cigarette, je lui dis: « On devrait attendre un peu. Etre trop en avance n'est peut-être pas très bien vu. » Nina se ravise. Elle est d'accord.

Mais là, derrière la vitre, un Monsieur dégringole les dernières marches d'escaliers d'un bon pas et s'approche. «Vous êtes Madame Nina S.?» Ma fille acquiesce. «Vous pouvez me suivre.» L'homme nous a prises au dépourvu. Lui aussi est en avance. Quant à moi, je peux l'accompagner jusqu'à l'étage où je m'installerai dans la salle d'attente du hall commun. Koba nous regarde entrer dans le bâtiment moderne, le regard noir de concentration.

L'enquêteur semble aimable. Il a l'œil vif et la démarche alerte. Son visage est taciturne mais son attitude me met en confiance. Je veux faire quelques dernières recommandations à Nina avant qu'elle ne s'engouffre dans la pièce avec lui. Mais finalement, je m'abstiens. Ma petite a 21 ans, c'est une jeune femme. Je ne voudrais pas donner l'impression à l'enquêteur de trop la materner. Je la laisse donc disparaître derrière la porte. Je rejoins la salle d'attente et prie intérieurement.

Vingt minutes plus tard, Nina sort, déconfite. La mine qu'elle arbore m'éjecte immédiatement de mon siège. Je suis debout, devant l'inspecteur qui la précède et lui lance «Ça va, Nina?». C'est l'homme qui répond: «Ça arrive», lâche-t-il dans un haussement d'épaules. Comment «ça arrive»? Mais qu'est-ce qui «arrive»? Je fulmine. Nina lève les yeux au ciel. Je me contiens avant d'oser «Quel est le problème?». L'inspecteur me toise: «Le problème? C'est qu'elle ne travaille pas, elle n'a qu'un projet d'études fantaisiste, elle dépend de l'Hospice général et pourtant son dossier de naturalisation est présenté par un avocat!», répond-il en nous ouvrant la porte. Je déglutis, tâche de rassembler néanmoins mon énergie pour poser clairement la question avant d'être dans la rue: «C'est négatif?». L'inspecteur secoue la tête tout en refermant la porte derrière nous: «Non, ce n'est pas négatif mais la procédure est suspendue! Votre fille va vous expliquer, au revoir Mesdames!».

Je tourne des yeux interrogateurs et déjà humides vers Nina. Je crois que je vais défaillir. Mon Dieu, un banc. Voici un banc sur lequel m'effondrer. De loin, Koba a perçu que quelque chose ne tournait pas rond. Il arrive à grands pas, en tirant nerveusement sur sa cigarette. Nina s'est laissé choir à mes côtés. Elle s'éclaircit la voix et raconte : « Ce n'est pas normal, maman ! J'ai répondu comme il faut à toutes les questions, je t'assure. C'est juste que je savais pas trop expliquer la votation No Billag. Mais il a dit que d'autres adolescents ne connaissaient pas bien les enjeux de cette votation ! Je ne pensais pas que c'était si grave ! ». Ma voix s'étrangle. Koba intervient : « As-tu finalement parlé de tes projets d'études en France ? » « Oui, dit Nina », en baissant les yeux avant d'ajouter : « Je ne voulais pas mentir ». Projeter d'étudier le théâtre en France l'an prochain, après une année sabbatique fût-elle prise dans la foulée de son bac littéraire obtenue avec une mention : Nina ne lui avait sans doute pas semblé être une battante... « Il m'a fait remarquer que je pourrais travailler au lieu de me contenter de l'aide sociale, maman.[19] J'ai expliqué que j'avais fait trois essais différents dans la restauration, et qu'à chaque fois, c'était la même chose. Avec le permis F, personne n'a jamais voulu me donner ma chance pour de bon ! », bougonna-t-elle avant de mettre un coup de pied dans une boîte de conserve qui gisait par terre et qui alla tinter contre la première roue de voiture garée là. Je parviens à lui dire doucement : « On t'avait dit que ce n'était pas une bonne idée de parler de tes projets de théâtre en

---

[19] Dans son rapport d'enquête confidentiel, l'enquêteur qui a reçu Nina le 29 juin 2018, note, dans le chapitre consacré aux « Moyens d'existence, art.12, lettres D et E LNat : « Pourvoit à ses besoins grâce aux aides financières de l'Etat (Hospice général) que perçoivent ses parents. La candidate ne semble pas très soucieuse de pouvoir subvenir par elle-même à ses besoins. »

France... Ça ne fait pas sérieux». «Mais je ne voulais pas mentir, maman! Pourquoi j'aurais menti! Je veux être comédienne, j'ai fait mille ateliers de théâtre déjà, j'ai obtenu mon diplôme de théâtre au Conservatoire Populaire de Musique et de Théâtre de Genève il y a quelques années, je veux faire de vraies études de théâtre à Paris, bon sang! C'est trop demander! Qu'y a-t-il d'incohérent là-dedans?» Et puis, lâcha-t-elle dans un sanglot, «ce qui l'a fait tiquer est peut-être ailleurs». Je levais le sourcil et attendais la suite. «Il m'a interrogée sur la raison pour laquelle le mandataire de mon dossier de naturalisation était un avocat, alors même que je dépendais de l'Hospice. J'ai répondu que je ne savais pas, que c'était vous, papa et maman, qui gériez cela.»[20]

Nina avait fait toute son école primaire à Genève. Et le reste aussi. Mais le flottement temporaire qui l'avait habitée après le bac, la fameuse «année sabbatique», conjuguée au fait qu'elle ambitionnait de manière complètement fantaisiste (pouvait-il en être autrement?) d'aller à Paris pour y apprendre à jouer la comédie, avaient suffi à l'enquêteur pour balayer d'un revers de main l'acquisition de la nationalité suisse à ma fille. Jusqu'à Noël du moins, quand son dossier sera réexaminé, puisque la procédure était «suspendue».

Résultat: Nina n'avait pas le droit de quitter la Suisse. Elle ne pouvait pas commencer sa prochaine année scolaire à Paris, sans compter que toute demande d'aide financière pour réaliser son rêve serait vaine avec son permis F. Je maugréais dans mon coin. Cet enquêteur pouvait-il mesurer à quel point il essorait les perspectives d'une jeune femme de 21 ans qui avait pourtant grandi ici? Pire, se rendait-il

---

20 «Elle n'a d'ailleurs pas su nous dire qui payait ses frais d'avocat. Ses parents étant à l'aide sociale, nous nous le demandons aussi», extrait du rapport d'enquête confidentiel de l'OCPM, dossier 2017-5007.

compte qu'il boutait ainsi le feu qui couvait en elle ? Je ne pouvais m'empêcher de penser aux Palestiniens de Gaza : maintenus sous blocus par les Israéliens qui leur donnaient l'eau et l'électricité au compte-gouttes, comme on nous a donné le droit de résider ici année après année, avec un permis de séjour à aller quémander tous les six à douze mois, étranglés par l'absence de perspective face à des voisins qui, à deux pas, pouvaient tout réussir...

Le 11 juillet 2018, le couperet tombe. Un courrier adressé par le coordinateur des enquêtes, Stéphane G., notifie « la suspension provisoire de sa demande de naturalisation jusqu'au 28 décembre 2018, conformément à l'article 13 alinéa 6 du Règlement d'application du 15 juillet 1992 de la loi sur la nationalité genevoise (RNat) »[21]. La raison officielle ? « Elle [la candidate] n'a pas démontré à satisfaction ses connaissances en lien avec la vie civique (droit de vote, droit d'éligilité, etc.) » Pourtant, dans le rapport de l'enquêteur, au chapitre consacré au « Sens civique », on peut lire : « La candidate n'a pas été en mesure de nous parler des dernières votations et élections fédérales et cantonales. Un manque d'intérêt a été constaté lors de son audition. Néanmoins, elle a pu nous parler des principes du référendum et de l'initiative. » La section qui précède est consacrée à « L'évaluation du réseau d'amitié », qui relève des mêmes articles de la loi sur la nationalité. On peut y lire : « S'est intégrée au sein de la communauté genevoise et a ainsi pu se constituer un réseau d'amis suisses. »

Le 24 août, soit plus d'un mois après la date à laquelle nous a été notifiée la suspension du processus de naturalisation de Nina, Me Jordan adresse un courrier[22] au coordi-

---

21 Courrier de l'OCP adressé à l'étude de Me Jordan le 11 juillet 2018, concernant le dossier n° 2017_5007_OD (Des initiales de l'enquêteur ayant estimé à l'issue de l'entretien que la procédure devait être suspendue)

22 Courrier du 24/08/18, Référence RJ/mg/972

nateur des enquêtes Stéphane G.: « Je remarque que dans votre courrier du 11 juillet 2018, le motif invoqué pour prononcer la suspension de la procédure de naturalisation était un manque de connaissance en lien avec la vie civique. Or, à la lecture du rapport d'enquête, il semblerait plutôt que vous releviez le fait que ma mandante dépende financièrement de ses parents et qu'elle n'exerce pas d'activité lucrative. Mme Nina S. est une jeune femme de 21 ans, qui vient de terminer sa maturité. Il semble dès lors usuel que cette dernière soit encore à la charge de ses parents, d'autant plus qu'elle souhaite entreprendre des études supérieures. La provenance des revenus des parents de Mme S. ne doit aucunement être prise en compte dans la situation personnelle de ma mandante. » Et de se sentir contraint de justifier: « On précisera également que le conseil soussigné ne facture pas d'honoraires depuis plusieurs années et que son engagement dans le présent dossier relève quasiment du *pro bono*. » L'avocat ne s'arrête pas là. Il ajoute: « On dénote également un jugement de valeur certain lorsque vous évoquez les choix de carrière de ma mandante. Enfin, si ma mandante est en année sabbatique, c'est en grande partie en raison de sa situation administrative. En effet, vous n'êtes pas sans savoir que le permis F de ma mandante entrave considérablement ses opportunités d'emploi. Mme S. a pris cette année « sabbatique » afin de se concentrer sur son processus de naturalisation tout en effectuant de nombreuses activités de bénévolat, notamment dans la maison de quartier des Pâquis. »

Le dernier paragraphe demande la reconsidération de la décision: « Résidant en Suisse depuis quatorze ans, soit depuis qu'elle a 7 ans, ma mandante est intégrée parfaitement à la société genevoise. Ainsi, ma mandante sollicite la reconsidération de votre suspension qui semble fortement disproportionnée aux motifs invoqués.» La réponse ne tardera pas. Datée de cinq jours plus tard, le coordinateur des enquêtes y promet: «Nous avons pris bonne note de votre courrier et une nouvelle analyse du dossier sera effectuée. Par la suite, un nouveau courrier vous sera très prochainement adressé.»[23]

* * *

Quelques semaines plus tard, c'est à mon tour d'être convoquée. C'est un autre inspecteur de l'Office cantonal de la population qui m'accueille. Rondouillard, des lunettes qu'il remonte sans cesse sur le bout de son nez, l'homme m'inspire d'emblée confiance. Je reste néanmoins sur mes gardes. Chat échaudé craint l'eau froide. En effet, la conversation démarre sur un point litigieux: « Madame, je suis très étonné que vous n'ayez toujours pas trouvé d'emploi, vu votre niveau de français, vos différentes attestations de formation ici à Genève et votre expérience de bénévole.» L'homme insiste: «Je sais que les employeurs sont réticents à embaucher des détenteurs de permis F mais tout de même! » Je ne me laisse pas démonter et explique: «Monsieur, pensez-vous que j'enchaînerais les contre-prestations, les activités bénévoles, les stages et les formations si j'avais la possibilité d'être rémunérée pour faire la même chose? Vous voyez bien que je suis prête à travailler. Vous savez, je suis très reconnaissante envers l'Hospice général mais j'ai tellement honte d'en dépendre.» L'homme se caresse la moustache, appuie ses coudes sur la table et me regarde droit dans les yeux: «Trouvez au moins un petit contrat de travail, pour que je puisse justifier de votre

---

23 Courrier de l'OCPM daté du 29/08/18 et ayant pour référence: 2017_5007

intégration. Et puisque vous me dites que votre dos vous empêche d'accepter des nettoyages, tâchez de me fournir un certificat médical, s'il vous plaît. » Je sens que l'enquêteur me dit ça en toute bienveillance. Presque pour mon bien. Ce n'est pas de lui dont dépend la décision finale, mais de Berne. Il veut m'aider à présenter un dossier plus solide pour être plus sûr du résultat.

J'ai appris qu'à la Croix-Rouge, que j'avais déjà sollicitée pour la traduction, ils recrutaient désormais même les permis F. Voilà qui change la donne. Je tentais ma chance donc à nouveau. La réponse était sans équivoque : ils avaient déjà sous la main suffisamment de personnes maîtrisant le géorgien.

Cette réponse me cingle le visage. J'avais espéré. Je déchantais. Mais je n'ai pas le temps de m'attrister sur mon propre sort. Cette après-midi, je dois donner un cours hebdomadaire bénévole de français. Rien de très réjouissant : l'élève est une petite Géorgienne de 7 ans, hospitalisée pour une leucémie. Le cours se donne dans sa chambre même du centre de soins. La fillette, qui vient de Gori, cette ville d'Ossétie du Sud sur laquelle la Russie a mis la main il y a dix ans maintenant, en août 2008, est reliée par des dizaines de tuyaux. Actuellement, elle est trop faible pour se déplacer avec sa potence. Mais parfois, nous pouvons faire quelques pas tout en bavardant. Cet après-midi, je resterai donc à son chevet, tentant de l'intéresser aux vers de La Fontaine, tout en alternant les explications en géorgien. Pauvre petite ! Elle n'a aucune envie d'apprendre le français. Elle ne comprend pas pourquoi je viens la tarabuster avec mes livres et mes cahiers. Mais elle est trop bien élevée pour refuser catégoriquement. Le problème, c'est que je ne la sens pas là. Le problème, c'est qu'elle n'est pas disponible pour apprendre quoi que ce soit. Le problème, c'est que ses parents ne veulent rien savoir. J'ai bien essayé de faire comprendre qu'il me semblerait plus opportun d'aviser de rencontre en rencontre, s'il y a lieu de jouer, de bavarder de tout et de rien, ou d'engager un vrai cours de français. Mais les parents n'ont rien voulu savoir. Je ne suis pas mandatée pour jouer les dames de compagnie, mais pour transmettre un niveau de langue.

Je viens de commencer, au mois de juillet. Il ne s'agit que d'une seule heure par semaine. Je suppose que ses parents sont soucieux de justifier l'intégration de leur fille, malgré la maladie. Qui d'autre mieux placé que moi pour le comprendre ? Et pourtant, cours après cours, j'ai le cœur en miettes, je ne parviens pas toujours à focaliser l'attention de la fillette et je trouve que c'est incongru d'être au pied de son lit d'hôpital à la seriner avec *Le Petit Prince* de Saint-Exupéry. C'est l'aumônerie des HUG qui a contacté l'église orthodoxe de Chambésy et c'est mon prêtre qui m'en a ensuite parlé.

C'est ce moment que choisit l'association pour me rappeler : « Madame Salikadze ? Nous aimerions que vous ne donniez plus une mais deux heures de cours par semaine à Mariam. Dans ce cas-là, vous seriez rémunérée. » Cette nouvelle tombe à point nommé. Cela fera toujours un petit contrat de travail à mettre sur la table de mon enquêteur de l'OCP. Pour 38 francs bruts de l'heure, je donnerai donc deux heures de cours par semaine.

Je croyais que cela allait me tirer d'affaire pour mon dossier à l'OCP, mais les ennuis commencent. Je suis engagée par les HUG mais le salaire est payé par Children Action. Or, l'association refuse de reconnaître son statut d'employeur. Au lieu de me tirer d'embarras, je me retrouve dans une situation kafkaïenne : ces 76 malheureux francs bruts par semaine me font glisser de la case « F- requérant » à une case inconnue – probablement « F essayant de sortir de l'auberge mais pas encore suffisamment». L'OCP en vient même à me dire que mon permis pourrait ne pas être renouvelé. Sans permis, pas d'aide de l'Hospice. La pente est glissante. J'ai l'impression d'être Sisyphe.

Après avoir joué les contorsionnistes et tourné les possibilités dans tous les sens, je renonce. J'appelle les HUG. J'appelle Children Action. Je n'ai pas le droit de m'adresser directement à la mère de Mariam. Je resterai toujours empreinte du doute de sa réaction, à l'annonce de mon abandon: « Non, Madame, je ne peux pas enseigner une heure par semaine de français qui me soit rémunérée à votre enfant. Cela me crée trop de complications administratives. A cause de cette seule heure, ma présence sur le territoire suisse est compromise.» Je l'imagine, lâchant le combiné téléphonique, sans entendre la suite. Grotesque.

* * *

Je tâche de réamorcer le circuit traduction. Je finis par tomber sur une association qui s'appelle «Connexion» à Lausanne. Elle travaille avec des traducteurs et des interprètes sur appel, selon ses besoins du moment. Le contrat est aléatoire mais c'est toujours un contrat. Je pourrai le mettre sur le bureau du type de l'OCP.

Le premier appel ne tarde pas à venir. «Dans combien de temps pouvez-vous être là? C'est aux HUG que nous avons besoin de vous, Madame. Je vous avertis: le patient est un peu spécial.» Malgré mon dos complètement bloqué ce jour-là, je saute dans des vêtements qui, à mon sens, me donnent une certaine allure, et je promets d'être là dans l'heure et demie qui suit. Si je refusais leur première sollicitation, il y a de fortes chances pour qu'après, on ne me repropose plus rien. L'occasion ne se renouvellera peut-être pas de sitôt. Dos bloqué ou non, il faut y aller. Mon esprit est focalisé sur le temps de parvenir aux HUG avec ma mobilité réduite. La phrase d'avertissement «Attention, le patient est un peu spécial» n'a pas même résonné dans ma tête. Je suis trop contente d'avoir un travail. Je vole vers l'arrêt de bus. Mon téléphone sonne de nouveau. J'ai peur que le monsieur annule. Mais non, c'est un médecin au bout du fil. C'est lui-même qui a besoin de mes services de traduction. Il articule: « Madame, nous vous précisons que le rendez-vous est dans un service qui dépend des HUG mais n'est pas aux HUG. Il vous faut aller à la clinique qui jouxte la prison de Champ-Dollon: Curabilis». Je hoche la tête, la gorge nouée. Je n'ai pu acquiescer ni refuser. Je me suis contentée de lâcher: « Très bien. Cela me prendra un peu plus de temps alors. A tout à l'heure».

Ironie du sort, il fallait que mon premier travail me ramène vers ce maudit établissement pénitentiaire qui m'a volé une partie de ma vie et a confisqué la sérénité de mes enfants. Je monte quand même dans le bus. Ce n'est pas le moment de renoncer. Je puise dans mon énergie interne, je me concentre, je fais appel à ma force mentale. Cet établissement a été inauguré au printemps 2014. Son but est d'offrir aux détenus l'accès aux soins psychiques qui leur seraient nécessaires s'ils étaient en milieu libre. Ce lieu n'existait donc pas à l'époque où j'ai été injustement enfermée. Aurais-je pu en bénéficier, étant donné que je ne tenais debout qu'à coups d'anti-dépresseurs et d'anxiolytiques? Mon Dieu, le bus 31. L'arrêt «Champ-Dollon». Mariam, respire. Prends ton souffle. Tu as fait beaucoup de chemin, depuis. Il n'y a pas de raison. Et si le personnel pénitencier me reconnaissait? Et si, au premier contrôle de papiers d'identité – il y en a deux – on m'empêchait d'aller plus loin, arguant que mon casier judiciaire n'est pas net ? J'ai rarement eu aussi peur de ma vie, hormis après la tentative de suicide de Nina. Mais c'est un autre effroi qui me traverse le corps. Et si on me disait : « Ah, tiens, puisque vous voilà, on a encore quelques questions complémentaires à vous poser... » Et si, en passant le contrôle d'identité, la sentinelle appelait Connexion pour lui faire part de mon passé judiciaire ? Je perdrais alors mon travail à peine né. Je n'aurais toujours pas de contrat à faire valoir auprès de l'OCP et c'en serait fini et de ma naturalisation et du renouvellement de mon permis. Me voilà au portail. Je dois laisser toutes mes affaires à l'entrée. Même ma bouteille d'eau, « car elle est entamée », me précise le gardien. « Suivez-moi », m'enjoint un autre. Le cliquetis de la première grille qui se referme derrière nous. Me voilà sans possibilité de retour en arrière. Je suis dans un sas, entre deux grilles. Bim, bam derrière moi. Clic clac devant moi. Je suis dedans. Les visages d'Anouk, qui assurait l'atelier poterie, de Renée et d'Anne-Marie, les charmantes surveillantes de l'étage des femmes, me reviennent en tête. Je suis détricotée de l'intérieur, je me demande comment mes jambes me portent encore, et que dire de mon dos ! Mais en même temps, revoir Renée, Anne-Marie ou Anouk ne me déplairait pas. Je leur raconterais ce que je suis devenue – pas grand-chose en fait –, non, je leur raconterais plutôt que ma fille a eu son bac il y a un an, que nous sommes tous en procédure de naturalisation, que j'ai eu un fils après mes deux filles, que nous sommes désormais correctement logés. Et Anouk ? Tient-elle toujours son atelier ? A-t-elle pris un autre tournant, plus artistique, comme je suis convaincue que ses talents lui eussent permis ?

Mariam, reste concentrée. Regarde autour de toi. C'est un établissement fermé, certes. Mais il n'a rien à voir avec Champ-Dollon. Ici, les locaux sont clairs, les couloirs aseptisés. Ce ne sont pas les lugubres corridors que seule la lumière artificielle éclaire. Ici, ça respire la santé. Le gardien me laisse au seuil de la porte de la chambre dans laquelle on m'attend. Il me glisse : « Faites attention, le patient est agressif. » Je repense à la naissance de Saba. Pour mettre au monde mon bébé, j'avais réussi à faire fi de mon esprit torturé par l'épée de Damoclès judiciaire qui était toujours au-dessus de ma tête, pour me concentrer uniquement sur l'expulsion de mon nouveau-né. Je vais tâcher de calquer cette tactique. Je suis ici pour traduire les propos d'un détenu psychiquement perturbé. Rien ne pourra m'en empêcher, décidai-je en poussant la poignée.

A l'intérieur, un jeune homme à peine majeur, le visage plus juvénile que celui de ma fille, pieds et mains menottés. Debout, les yeux rougis par la colère et les larmes, son torse nu offre immédiatement à ma vue un ventre fraîchement lacéré. Ses poignets, eux, sont quadrillés de cicatrices refermées depuis longtemps. Combien de tentatives de suicides avait donc pu faire ce jeune homme ? La vue de Nina inerte sur le lit du foyer me revient à l'esprit en un éclair. Je dois impérativement chasser cette image au plus vite.

C'est le jeune homme lui-même qui me vient en aide en se lançant dans une diatribe inarrêtable, sans point ni virgule. Ni le médecin ni les deux molosses qui l'encadrent n'ont eu le temps de faire les présentations. Quant à moi, je suis là, debout, face à lui, avec mon sac à main encore à l'épaule. Le jeune n'a pas laissé le temps au personnel de me proposer une chaise. Prise au dépourvu, juchée sur mes talons que j'ai chaussés par souci d'élégance, mes maux de dos vont redoubler. Mais il faut déjà traduire.

« S'il vous plaît, Madame, je vous en supplie, avertissez juste ma mère que je suis en bonne santé. Elle va trop s'inquiéter. Regardez sur Facebook, son nom est Avtandil, ou celui de ma tante Gelovani, je suis originaire de Poti[24], vous les trouverez facilement. S'il vous plaît, Madame !» Je secoue la tête. Non, je n'ai pas le droit de faire ça, mon rôle doit impérativement se limiter à interpréter. Sinon, on ne me rappellera plus jamais. En même temps, j'essaie de trouver une parade pour le rassurer, sans m'engager à faire ce qu'il m'enjoint de faire. Le médecin intervient. Ce n'est pas ce qu'il veut savoir, bien sûr. Il ré-aiguille la conversation sur les actes commis le matin même par le jeune homme. Le regard sombre, le jeune ne répond pas. Il insiste : «Je ne comprends rien aux lettres de la prison. Je ne sais pas pourquoi je suis là. C'est une erreur. S'il vous plaît, prévenez juste ma mère qui doit être morte d'inquiétude.» Le dialogue de sourds dure ainsi quelques minutes. Je suis désemparée : le médecin n'a pas les informations qu'il souhaite avoir, le jeune homme est hors de contrôle. De nouveau, l'image de Nina inconsciente me revient. Je la chasse avec rage, en détournant les yeux des lacérations ventrales qui aimantent mes yeux depuis que je suis entrée dans cette pièce. Nina va bien, Nina va bien, Dieu merci. Elle va devenir Suissesse et comédienne.

Le jeune homme n'en démord pas. Il a été arrêté à tort. Non, il n'était pas en train de voler des vêtements dans un grand magasin du centre commercial Balexert. Il était au mauvais endroit, au mauvais moment. C'est un de ses compatriotes qui passait la porte du magasin les poches pleines. Il était lui-même en train de partir du magasin. Il ne connaissait pas même ce type qui partait avec plus de 1000 francs de marchandises l'air de rien.

A vrai dire, je n'aurais pas su dire si ce jeune mentait ou disait la vérité. Peu m'importait. Je n'étais pas là pour me

---

[24] Poti est un des trois grands ports du pays, sur la côte est de la mer noire, à deux pas du lac de Palaistomi et du parc national de Kolkheti.

substituer à la justice. En revanche, je pensais sincèrement qu'eu égard à son jeune âge, il aurait dû être épargné et ne pas être emprisonné à Champ-Dollon. N'y avait-il donc pas de lieu plus approprié pour un simple hypothétique vol? Etait-on obligé de menotter les mains et les pieds simultanément de ce jeune? Il ne cesse de répéter qu'il ne parvient pas à communiquer avec le personnel de la prison. Il est très isolé. La violence et le désespoir auraient-ils jailli de lui s'il n'avait été enfermé sans possibilité de prévenir sa mère ou sa tante ?

Je pars avec toutes ces questions en tête. Quand je passe la porte, le jeune me crie une dernière fois d'avertir sa tante ou sa mère. Ma main qui s'accroche à la poignée de la porte m'aide à serrer les dents pour fermer mon cœur.

Le lendemain matin, je suis appelée à la première heure. La sonnerie du téléphone me réjouit. Je ne peux m'empêcher d'y voir le signe du frémissement d'une activité professionnelle, d'un peu de considération et surtout, d'utilisation même partielle de mes compétences, moi qui moisis depuis des années entre ma cuisine et les services sociaux. Le téléphone, donc. Il faut que je retourne à Curabilis au plus vite. «Vers quelle heure pouvez-vous être là au plus tôt, Madame?». Je sens l'inquiétude dans la voix du mandataire. Je ferai au mieux. Mon dos bénéficie encore de l'engourdissement des calmants de la nuit. Il suffit que j'en reprenne une dose dès que possible pour ne pas laisser l'effet s'estomper. Voilà, deux anti-inflammatoires, deux aspirines pour ma migraine à venir avec un café, et je suis dehors.

Une heure et demi de transport plus tard – ne pourraient-ils pas me payer un taxi en pareils cas de figure? – je suis de nouveau aux abords de la prison de Champ-Dollon, au pied des bâtiments qui s'élancent dans les airs comme autant de vaines promesses.

Le même jeune est là. Après avoir été soigné la veille, il a été reconduit à Champ-Dollon. Mais cette nuit, il a tenté de s'étrangler avec ses lacets de chaussures. Cette fois, ce ne sont pas deux molosses qui l'encadrent mais quatre. Le même médecin bedonnant est affalé sur sa chaise. Son regard n'offre que dépit et incompréhension. Il est là mais il est ailleurs, absorbé par ses propres pensées. Peut-être a-t-il dû quitter la chaleur du lit conjugal trop tôt ce matin, sans doute sa femme est-elle lasse de se voir confisquer son mari inopinément chaque semaine ? Il lui a déjà administré des calmants. C'est ce que je perçois dans le regard du jeune homme. Il est moins agité que la veille. Les questions commencent, mais l'échange patine. Le jeune n'est pas très coopératif. Je dois me contenter de traduire. « Votre demande d'asile est rejetée. La décision de vous expulser est imminente, comme vous le savez. Ne perdez pas patience, vous serez bientôt chez vous, entouré des vôtres ». La bouche tordue, les yeux injectés de sang, le jeune me lance : « Dites-leur que je ne veux que ça, être expulsé ! Mais vite. Pourquoi m'enfermer en attendant que je retourne chez moi ? Je ne comprends pas l'intérêt ! Sortez-moi de là ! ». Je tâche de rassembler mes esprits et de garder le cap. Je traduis, en essayant de ne laisser paraître aucune empathie ni compassion. Le médecin note scrupuleusement ce que j'articule, la main gauche appuyée sur sa bedaine. Il m'agace. Je ne saurai jamais ce qu'il est advenu de ce jeune Géorgien.

Il faudra m'y faire. L'association Connexion m'appelle désormais régulièrement. Les situations d'interprétation judiciaire émotionnellement difficiles à vivre s'enchaînent. Je m'accroche. A la fin du mois, je pourrai apporter un contrat de travail à l'OCPM, où seront mentionnées les heures effectuées ce mois-ci, ainsi qu'un volume de travail aléatoire à venir. Le sésame pour que mon dossier de naturalisation, qui compte également celui de mes deux enfants mineurs, prenne la route pour Berne. Cela n'a pas de prix.

Pas même celui de me replonger dans mon gouffre intérieur psychique. Un de mes souvenirs les plus cuisants restera sans doute ce Géorgien d'une cinquantaine d'années auquel on a annoncé l'acquittement après deux ans de détention en France et un an en Suisse. Requérant d'asile de facto frappé d'interdiction de territoire suisse, il s'était fait pincer trois ans plus tôt à la douane de Bardonnex, tentant de glisser en France pour un simple viron. L'interprétation se tint dans les murs de Champ-Dollon même. J'avais eu toutes les peines du monde à prendre sur moi, à ne pas regarder ces grilles que je scrutais lorsque je regardais partir mes enfants après le parloir. On ne m'avait pas dit de quoi il retournait, pour l'interprétation. J'avais dû traduire qu'il était finalement blanchi, que le procureur reconnaissait son erreur. J'étais aux anges pour lui, je me dépêchais de traduire, traduire et traduire encore. Surtout qu'il n'y ait aucun mot oublié, pour ne pas qu'il puisse y avoir de mauvaise compréhension possible. Voilà, Monsieur, c'est super, vous êtes acquitté, libéré, vous allez pouvoir rentrer chez vous, l'avocat veut même demander des indemnisations pour tort moral. Mais l'homme était resté impassible. Comment rester de marbre à l'annonce d'une telle nouvelle? J'étais tellement interloquée que l'idée que le géorgien ne soit pas sa langue maternelle m'avait même traversé l'esprit. Mais non, il me comprenait bien. Peut-être était-il trop médicamenté? Peut-être tout simplement ces années de prison vaines avaient avalé toute émotion possible chez cet homme fatigué. C'est seulement quand j'avais traduit «Vous serez expulsé dans dix jours maximum, Monsieur» que l'homme avait réagi: «Dix jours? Ça ne peut pas être plus rapide?», avait-il articulé.

Je garde l'espoir infime d'être contactée ultérieurement lorsque l'avocat aura fait aboutir sa demande d'indemnisation. C'est terrible de ne jamais savoir ce qu'il advient d'un homme pour lequel on a joué un rôle linguistique clé à un tournant de sa vie.

* * *

Quatre mille cent francs. C'est la somme qu'il nous faudra débourser d'ici Noël. Faute de quoi, nos dossiers de naturalisation pourraient être classés. Nous avons déjà reçu le deuxième rappel : le dossier adulte est de 1250 francs, à multiplier par deux pour Koba et moi-même, auxquels il faut ajouter 300 francs par enfant restant. Pour Nina, c'est déjà réglé… mais en suspens.

J'ai remué ciel et terre. Centre social protestant, qui peut aider jusqu'à 600 francs par mineur, Caritas qui refuse de nous aider car nous sommes déjà épaulés par l'Hospice, l'Armée du Salut qui s'est montrée très réceptive à notre demande et dont j'attends encore des nouvelles.

A défaut du paiement, j'ai porté à « mon » enquêteur en mains propres un certificat médical de mon rhumatologue attestant qu'il me serait trop difficile de travailler dans les services à la personne et le nettoyage ; une lettre dithyrambique de la Ville de Genève faisant état de mes états de service bénévoles et désintéressés ; le contrat de travail de Connexion et l'ensemble de mes recherches d'emploi en 2017-2018 (un classeur fédéral complet).

Koba, lui, n'a pas encore été convoqué. Entre le moment où on a demandé son extrait de naissance et le moment où on a pu déposer l'ensemble du dossier, son document était échu. Il faut dire qu'il n'est valable que trois mois. Pour l'administration, le temps passe plus vite que pour nous.

Remerciements

Je remercie de tout mon cœur mon ex-mari qui m'a permis de me libérer le temps nécessaire à la rédaction de ce livre et mes enfants, qui ont supporté mes absences subséquentes. Je tiens également à remercier sincèrement ma sœur, Cécile Emonot Peinado, pour sa relecture attentive ainsi que Thomas Garlantezec et Marie-Pierre Guironnet pour leur soutien moral et logistique. Un grand merci également à Nadine Cortinovis Gfeller, du Département de la cohésion sociale et de la solidarité à la Ville de Genève, qui a mis la protagoniste de cette histoire sur mon chemin et à Isabelle Bruggimman, de l'association spécialisée dans l'accueil des femmes et notamment des femmes migrantes, F-Info, pour m'avoir mis le pied à l'étrier et à Mylène Petermand pour son enthousiasme. Enfin, je remercie tout particulièrement Me Nicola Meier et Me Romain Jordan qui, déliés du secret professionnel à mon égard, ont mis à ma disposition l'ensemble de la documentation liée à cette affaire judiciaire et se sont montrés disponibles pour répondre à toutes mes questions.

Achevé d'imprimer en 2019
sur les presses de l'imprimerie Slatkine
à Genève (Suisse).